Eurus

Notus

斎藤文彦

Fumihiko Saito

力道山

――「プロレス神話」と戦後日本

Boreas

Zephyrus

岩波新書

2046

はじめに――力道山とは〝だれ〟だったのか

戦後のヒーロー。昭和のスーパースター。テレビの主人公。力道山を形容するときによく使われるキャッチフレーズがいくつかある。〝ヒーロー〟〝スーパースター〟〝主人公〟と〝戦後〟〝昭和〟〝テレビ〟の組み合わせはいずれも変換が可能で、戦後のスーパースター、昭和のヒーロー、テレビのヒーローといったぐあいに前後の単語をランダムに入れ替えてもだいたい同じような意味合いになる。これがごく一般的な力道山のイメージということになる。

力道山は――日本における――プロレスの父である。だから、力道山はプロレスの父であり戦後のヒーロー、プロレスの父であり昭和のスーパースター、プロレスの父でありテレビの主人公であった。ここでは〝プロレス〟と〝戦後〟、〝プロレス〟と〝昭和〟、〝プロレス〟と〝テレビ〟とがそれぞれイコールの関係になっている。

力道山はプロレスというアメリカのスポーツ文化を日本に輸入し、大ブームを起こしたことで戦後から復興の時代のシンボルとなり、テレビの時代、高度経済成長期にさしかかる時代までを生きた。力道山のプロレスは戦後そのものであり、昭和そのものであり、テレビそのものだった。力道山はプロレスラーであると同時に「力道山」というひとつの社会現象であったととらえることができる。

力道山はもちろん本名ではなくて、大相撲時代の四股名《しこ》がそのままプロレスラーとしてのリングネームになった。力道山が相撲をとっていたのは、一九四〇(昭和十五)年五月場所の初土俵から五〇(昭和二十五)年九月までの十年四カ月間で、最高位は西の関脇。力士だった時代に第二次世界大戦が始まった。プロレスラーとしてデビューしたのは戦後六年が経った五一(昭和二十六)年十月で、大相撲廃業からプロレス転向までには一年のブランクがあった。

プロレスがこの国で興行スポーツとして本格的なスタートを切ったのはそれからさらに二年四カ月後の五四(昭和二十九)年二月。力道山&木村政彦とシャープ兄弟による初の「国際大試合」が開催されたときで、力道山が現役のまま急逝したのは六三(昭和三十八)年十二月だから、戦後のヒーローで昭和のスーパースターでテレビの主人公であった「力道山」の物語は、十年に満たない長くもあり短くもある濃密な時間だった。

〝仮免許〟的なデビューからシャープ兄弟との歴史的な一戦までの二年四カ月の準備期間には、その後の〝力道山現象〟を理解するためのさまざまなヒントが隠されている。力道山のすぐそばには〝力道山をつくった人びと〟がいた。

力道山は一九五二年二月、プロレスラーとしての武者修行のためアメリカに出発。まず、ハワイに滞在して相撲取りからプロレスラーへの肉体改造と実戦トレーニングを積み、同年六月、アメリカ本土に転戦。西海岸カリフォルニアのサンフランシスコ、ロサンゼルスを中心に試合経験を重ね、翌五三年三月に帰国した。この一年一カ月間にわたる本場アメリカでの〝研修〟で力道山はプロレスのなんたるかを学び、アメリカの生活様式になじみ、英会話のスキルを身につけ、さらにプロレスを観客に提供する側であるプロモーター、プロデューサーとしてのノウハウを習得した。アメリカにはアメリカの〝力道山をつくった人びと〟がいた。

同年、力道山は日本プロレスリング興業(以下、本文では日本プロレス興業)を設立し、七月には日本プロレスリング協会(同、日本プロレス協会)が発足した。興行会社とは別組織、あるいはその上部組織として協会があるというストラクチャーは、力道山が育った相撲社会のそれだった。〝協会〟と〝興行〟のそれぞれの発起人には政界、財界、興行界の大物たちが名をつらねていた。彼らもまた〝力道山をつくった人びと〟だった。

力道山はこの年の十一月、再びハワイに渡り、十二月には同地で〝鉄人〟ルー・テーズが保持する世界ヘビー級王座に初挑戦。テーズの必殺技バックドロップで失神‐負傷棄権の惨敗を喫し、このニュースは外電で日本に伝えられた。いまになってみると、力道山はすでにこの時点でプロレスにおけるラストボス――力道山自身のコメントを用いれば「プロレスの横綱」――の存在を(かなり用意周到に)活字メディアに登場させていた。

約四カ月間のハワイ遠征を終えた力道山は、五四年二月十二日に帰国。同月十九、二十、二十一日の三日間、東京・蔵前国技館で世界タッグ王者チーム、シャープ兄弟を招いての「国際大試合」をプロモートした。初日の十九日はＮＨＫ（テレビとラジオ）と日本テレビの二局が、二十日と二十一日は日本テレビがこの模様を生中継。「街頭テレビに黒山の人だかり」としていまも語り継がれる昭和のプロレス・ブームはここからスタートした。テレビという新しいメディアがプロレスの人気に火をつけ、プロレスがテレビを日常生活のワンシーンにした。

大長編ドラマ「力道山」をよく知ることは、戦後の日本、昭和の大衆意識、一九五〇年代から六〇年代にかけてのこの国の進歩と発展について知ることにつながる。戦後から高度経済成長の時代を生きたすべての人びとはなんらかの形で力道山現象を体感している。力道山現象とはけっして画一的なもの、一義的なものではなく、その現象の中心にいた力道山自身もまた、あるときはその出自が導くところの運命に翻弄され、またあるときは運命を翻弄し、多面的な〝個〟を模索しつづけた。

本書は、力道山という〝個〟と〝力道山をつくった人びと〟から力道山現象とはなんだったかを探っていく。戦後のヒーローの出現を求めたのはだれだったのか。昭和のスーパースターはどのようにして生まれたのか。テレビの主人公はだれのためのものだったのか。

力道山とはいったい〝だれ〟だったのだろう――。

目次

第1章

大相撲にかけた自己実現

“日本人化”の葛藤と挫折

1948年5月場所で四股を踏む力道山
（提供：朝日新聞社・日刊スポーツ）

「プロ・レス」から「プロレス」へ

「プロレス」という単語は昭和のカタカナ語の傑作である。プロレスはガラス、ミシン、ラムネなどと同じように外来語が翻訳されカタカナ化されたあと、日本語として文化的な意味をもった単語群のひとつだ。プロレスとはもちろんプロフェッショナル・レスリング(professional wrestling)の訳語であり略語だが、これが活字メディアによってカタカナ化された当初は「プロ・レスリング」という表記で、プロとレスリングの間には「・」がついていて、プロレスラーも「プロ・レスラー」と記されていた。

力道山がスーパースターとして一世を風靡《ふうび》した時代にプロ・レスリングはプロレスに、プロ・レスラーはプロレスラーになった。これは単純に表記の変化というよりは、プロレスとプロレスラーが昭和三十年代に日常語化したものととらえることができる。

一九五一(昭和二十六)年十月二十八日の〝仮デビュー〟から現役のまま急逝した六三年十二月十五日まで、力道山のプロレスラーとしての活動期間は十二年二カ月。〝柔道の鬼〟木村政彦とタッグを組みシャープ兄弟と対戦した五四年二月の「国際大試合」をスタート地点とするならば、九年十カ月ということになる。

力道山は朝鮮半島北東の咸鏡南道洪原郡《ハムギョンナムドホンウオン》というところで生まれた。地図の上では現在の北朝鮮(朝鮮民主主義人民共和国)にあたる地域だが、一九一〇(明治四十三)年八月の韓国併合から四五年九月の終戦までの三十五年間は朝鮮半島全体が大日本帝国の統治下——韓国と北朝鮮のそれぞれの建国は四八年八月から九月にかけて——にあったので、力道山は朝鮮総督府の統治下で生まれた朝鮮人＝日本臣民というカテゴリーでとらえるべきだろう。出生年については、オフィシャルなプロフィールでは一九二四（大正十三）年生まれとなっているが、これ以外にも一九二〇（大正九）年、二二（大正十一）年、二三（大正十二）年など諸説がある。

大相撲＝〝日本人〟としての地位＝富と名声

プロレスラーとしての十年余のキャリア以前に、力道山には十年の大相撲時代があった。朝鮮で力道山をスカウトして日本へと導いたのは、長崎県大村出身でこの時代に警察官として咸鏡南道に赴任していた小方寅一とその義父の百田《ももた》巳之吉《みのきち》。この百田巳之吉は、力道山の日本の戸籍上の父親となる人物である。相撲入りまでのいきさつについては別項で詳しく検証していくが、まだ十代だった力道山は郷里を離れる時点ですでに結婚していたとされる。

二所ノ関部屋入門は一九四〇（昭和十五）年二月。同年五月六日の新弟子検査に合格し、五月場所の前相撲で初土俵。同期の八十九人のなかには、のちの出羽錦（出羽海部屋　最高位・関脇）、時津《ときつ》山《やま》（立浪部屋　最高位・関脇）、信夫《しのぶ》山《やま》（小野川部屋　最高位・関脇）、国登《くにのぼり》（高砂部屋　最高位・小結）、清水川（追手風部屋　最高位・小結）らがいた。力道山が相撲取りになっていなかったら、もちろん、そののちのプロレスラー力道山は存在しない。

一九四一年一月場所から五〇年九月場所までの十年の力士生活——戦前・戦中の五年と戦後の五年——は、力道山がいかに〝時代の子〟であったかを物語るように、その歩みのひとつひとつが、戦争をしていた昭和の日本の息づかいとシンクロしている。植民地に生まれ育った力道山は、軍国主義の空気に翻弄されながら幼少期、少年時代を過ごした。相撲に入門する三年前の三七年から日中戦争がすでに始まっていた。

力道山が序ノ口、序二段、三段目、幕下で相撲をとった一九四一年一月場所から四三年五月場所までは大相撲はまだ年二場所制で、四一年一月場所は五勝三敗(序ノ口)、同五月場所は六勝二敗(序二段)の成績でそれぞれ勝ち越し。同年十二月八日、日本海軍によるハワイの真珠湾奇襲攻撃から日本とアメリカの間で太平洋戦争が勃発した。

いよいよ日本が大戦へ突入していった一九四二年の一月場所、力道山は八勝〇敗で全勝優勝(三段目)し、同五月場所は幕下に昇進して五勝三敗で勝ち越し。翌四三年一月場所は五勝三敗(幕下)、同五月場所も五勝三敗(幕下)でいずれも勝ち越し。初土俵から二年間、本場所では一度も負け越しを経験することなく順調に番付を上げていった。

力道山がフィジカルとメンタルのいずれにおいてもたぐいまれな強さを持ち合わせた力士であったことはまちがいない。そのうえで〝時代の子〟力道山を支えていたモチベーションは、相撲をとることが貧困からの脱出を意味すること、大相撲力士としての出世は〝日本人〟としての地位＝富と名声を約束するもの、という自己実現のイメージだったのだろう。相撲取りの証であるチョンマゲは、若き日の力道山に夢と希望を与えた。

しかし、戦禍による食糧事情の悪化と部屋運営のための資金繰りに困窮しはじめた二所ノ関部屋は、一九四三年秋、玉ノ海親方の個人的なツテを頼って部屋ごと兵庫県尼崎市に〝疎開〟。午前中は久保田鉄工尼崎工場で勤労奉仕、午後は慰問相撲、夜は相撲部屋として使用していた建物の一部を旅館として一般客に賃貸しし、所属力士には副業を奨励。本場所があるときだけ一門の力士が東京に戻るという自転車操業に追われるようになった。

初めての負け越し、そして終戦

一九四四(昭和十九)年、戦局の悪化から国民生活が窮乏化し、都市部から地方への学童集団疎開が始まり、文部省は学校工場化実施要綱を発表した。この年は、政府が「一億国民総武装」を推し進め、竹槍訓練などが本格化した年。大相撲は一月場所、五月場所、十一月場所の全三場所がおこなわれ、力道山は一月場所を三勝五敗(幕下)の成績で初めて負け越した。その理由については、勤労報国隊として工場勤務中に左手首を負傷したためとされたが、いわゆる相撲用語を用いるならば〝稽古不足〟(反対語は〝稽古十分〟)だった。

同年、力道山は後楽園スタヂアムで開催された十一月場所(晴天十日間)で西十両十枚目に昇進し、大銀杏《おおいちょう》を結っての本場所は七勝三敗で勝ち越し。その直後、十一月二十四日からB29爆撃機による本格的な東京大空襲が始まり、翌四五年一月二十七日には銀座や有楽町など東京の中心部が爆撃された。

浅草、日本橋、神田、築地、江東区、江戸川区、荒川区などを目標とした三月十日未明の下町大空襲で両国国技館が大破し、周辺の相撲部屋もほとんどが焼失。四月、五月の山の手大空襲から六月、八月までの断続的な空襲は合計六〇回を数えた。そして、八月六日早朝、広島(死者数=九万~十六万六千人)に、三日後の八月九日には長崎(死者数=六万~八万人)に原子爆弾が投下された。

一九四五年八月十五日正午、前日のポツダム宣言受諾からの全面降伏を国民に告げる天皇の「玉音放送」がラジオから流れ、戦死者(軍人と軍関係者)約二百三十万人、民間人約八十万人が犠牲となった第二次世界大戦はようやく終結した。力道山と二所ノ関部屋の仲間たちは仮住まいの杉並区高円寺(現在の梅里一丁目)の真盛寺《しんせいじ》で終戦の日を迎えた。ここまでが力道山の大相撲時代の前半、戦前・戦中の五年間である。

戦後、初入幕

連合国軍最高司令官総司令部(GHQ)のダグラス・マッカーサー元帥が厚木飛行場に降り立ったのは、「玉音放送」から十五日後の一九四五年八月三十日。終戦後初めての本場所となった同年十一月場所は、空襲で損壊した両国国技館の一部を修理し、進駐軍慰安大相撲とセットで開催(晴天十日間)され、力道山は同場所を八勝二敗(十両)で勝ち越した。初日から休場した〝昭和の大横綱〟双葉山が千秋楽前に引退を表明したのがこの場所だった。

一九四六年一月一日、天皇が「天皇を現御神《アキツミカミ》とするのは架空の観念」とする詔書で人間宣言。五月三日、極東国際軍事裁判(東京裁判)が開廷し、東条英機らA級戦犯二十八人が起訴された。同月二十二日、第一次吉田茂内閣が発足し、三十一日には天皇がマッカーサー元帥を訪問。大相撲は一月場所、六月場所が中止となり、GHQに接収された両国国技館は進駐軍管理下で大規模改修工事がおこなわれ、同年九月、メモリアル・ホールと改称した。

国民主権、基本的人権の尊重、平和主義の三原則と司法・立法・行政の三権分立を定めた日本国憲法が公布されたのはこの年の十一月三日。大相撲は十一月場所(十三日間)のみが開催され、力道山は西前頭十七枚目の番付で初入幕し、九勝四敗の成績で勝ち越した。力道山の幕内力士としての初めての本場所がのちにプロレスラーとしてのデビューの舞台となるメモリアル・ホールだったことはどこか因縁めいている。

横綱・羽黒山との激闘

一九四七（昭和二十二）年一月、GHQによる公職追放令が経済界、言論界、地方公職などに拡大して約二十万人が追放処分となった。三月には全国労働組合連絡協議会（全労連）が結成されて約四百六十六万人の労働者が加入（労働基準法は四月七日、公布）。同月三十一日、教育基本法と学校教育法公布（六・三・三・四年制、男女共学を規定）。五月三日、日本国憲法が施行された。

力道山の幕内力士としてのハイライトは、この年の六月にメモリアル・ホールから明治神宮外苑に舞台を移して開催された夏場所（晴天十日間）の千秋楽だった。

幕内二場所目の力道山は、東前頭八枚目の番付で九勝一敗の成績を残し、横綱・羽黒山《はぐろやま》、大関・前田山、大関・東富士《あずまふじ》の三力士も九勝一敗で本割を終えた。それまでの慣例では複数の力士が星取表で同成績の場合は番付最上位が優勝とされていたが、場所前に相撲協会から「同成績の場合は（各段ごとに）優勝決定戦をおこなう」という新ルールが発表され、いきなりこの場所で初の優勝決定戦（トーナメント）が実現した。

くじ引きにより、前田山と東富士の大関対決、羽黒山と力道山の取組が決まり、まず、前田山が東富士に勝利。平幕の力道山は横綱の羽黒山に挑戦する構図となった。元力士で漫画家、雑誌記者、新聞記者、放送作家を経て、相撲・プロレス評論家、演芸評論家、作家としてたくさんの著作を遺した小島貞二《こじまていじ》がこの一番についてくわしく記している。

入幕二タ場所目の力道山は、横綱羽黒山に敢然と挑み、ズブリと右を入れた。力道山が差し勝ったのだ。やむなく左上手を取った羽黒山は、引きつけて寄りながら、大きく上手投げを放った。それを待っていたかのように残した力道山は、右足をとばし外掛けにからんだ。満身の力をその右足にこめて、グイグイ浴びせかける。歯を喰いしばった羽黒山は、のけぞりながらヨタヨタと後退する。流れから、力道山に絶対有利と見えた。

満場騒然の中、裏土俵一ぱいにこらえた羽黒山は、横綱の意地を左足にかけて起死回生の打棄《うっちゃ》りを見せ、どちらともわからないような体勢のまま、両者は土俵下にころげ落ちて行った。体の割れ具合から軍配は羽黒山に上り、物言いはつかなかった。

敗れはしたものの、力道山の大健闘をたたえる三万人の拍手と喚声はしばし神宮の森にこだました。結局、羽黒山は前田山を制し、五度目の優勝をものにした。〔中略〕

三賞制度（殊勲賞、敢闘賞、技能賞）は、その翌場所（二十二年十一月）から制定されたが、この力道山の健闘が下地となったことはいうまでもない。もし三賞制度がそのときもあったなら、力道山の活躍は、当然、敢闘賞、殊勲賞に相当したに違いない。

（小島『力道山以前の力道山たち』）

羽黒山との優勝争いの一番で注目を集めた力道山は、同年十一月場所を六勝五敗(東前頭三枚目)、翌四八年五月場所を八勝三敗(東前頭二枚目)で勝ち越し。この五月場所は大関・東富士が十勝一敗の成績で初優勝したが、全勝を逃した一敗は力道山に敗れた取組だった。力道山は同場所、横綱・照国《てるくに》から初金星をあげて殊勲賞を獲得した。大相撲力士としてのピークはおそらくこのあたりの時期だった。全盛期の体格は身長が五尺八寸五分(約百七十七センチ)で体重は二十九貫(約百九キロ)。身長はそれほど高くなかったが、これだけのウエートがありながら体型そのものはいわゆるアンコ型ではなかった。

そして、同年十月場所で前場所優勝の東富士が第四十代横綱に昇進。東富士は高砂部屋、力道山は二所ノ関部屋と所属部屋はちがったが、東富士の土俵入りでは東小結・力道山が太刀持ちをつとめた。この太刀持ちという〝引き立て役〟のポジションは、ようやく三役の番付までたどり着いた力道山にとってはのちのちまで尾を引く屈辱的な記憶だったのだろう。東富士はその後、相撲・プロレスを通じて力道山ストーリーの重要な登場人物のひとりとなっていく。

故郷の分断とアメリカ文化への傾倒

一九四八(昭和二十三)年はこの国の戦後レジームがひとつひとつ具体化、現実化していった年だった。六月十九日、「教育勅語等排除に関する決議」が衆議院で、「教育勅語等の失効確認に関する決議」が参議院でそれぞれ議決。この年の流行語は「鉄のカーテン」「冷たい戦争」で、アメリカとソ連による冷戦構造がいよいよ明確となった。この米ソ対立を背景に八月十五日、朝鮮半島が北緯三十八度を境界線に南北に分断され、南に大韓民国(韓国)、九月九日、北に朝鮮民主主義人民共和国(北朝鮮)がそれぞれ建国。力道山はこのときに――すでに〝日本人化〟していたが――帰る故郷を失ったととらえることができる。

一方、同年十一月十二日には東京裁判の被告二十五人に対して有罪判決(被告二十八人のうち三人は免訴)が下り、十二月二十三日、巣鴨プリズンで東条英機ら七人の死刑が執行され、翌二十四日、岸信介、児玉誉士夫《こだまよしお》、笹川良一らA級戦犯容疑者十九人が釈放された。力道山と児玉誉士夫には戦後まもなくから親交があったとされ、児玉はのちに日本プロレス協会会長をつとめることになる。

大衆文化では、昭和を代表する歌手・美空ひばりが十一歳でデビューし、歌謡曲では「東京ブギウギ」(笠置シヅ子)、「憧れのハワイ航路」(岡晴夫)などがヒット。小説では竹山道雄の児童文学『ビルマの竪琴』(中央公論社)が出版され、太宰治は五月十二日に『人間失格』を脱稿したあと、一カ月後の六月十三日、恋人の山崎富栄と玉川上水で入水自殺した。

力道山はこのころ――終戦から三年――アメリカ製の大型バイク、インディアンにまたがって場所入りし、話題をふりまいた。それは力道山の新しいもの好きで華やかさを感じさせる私生活(実際はそうではなかったかもしれないが)、エンターテイナーとしての天性の資質を物語るエピソードであると同時に、土俵の外側では力道山と進駐軍、米軍兵士との間にすでになんらかの個人的なコネクションがあったことを裏づけるひとつのエビデンスとしてひじょうに興味ぶかい。戦後、力道山は戦勝国アメリカ、富める国アメリカの文化とその生活様式に傾倒していった。

当時、二所ノ関部屋はまだ杉並の真盛寺に間借りしていて、ある夜、力道山がオートバイで寺に戻ってくると風呂敷包みを抱え境内に身をひそめる弟弟子ふたりの姿を発見した。「こいつらスカすな(逃げるな)」と思った力道山はふたりを殴りつけ、力ずくで部屋に引きずり戻したという逸話がある。相撲におけるヒエラルキー=番付はそれほど絶対的なものだった。

その若い力士とは若乃花(のちの横綱)と琴ケ浜(のちの大関)だった。このとき初代・若乃花が脱走に成功していたら、その弟の貴ノ花が相撲界入りすることはなかったし、貴ノ花がいなかったら平成の兄弟横綱、貴乃花と若乃花は存在していなかった、と考えてみるとおもしろい。もちろん、これは数ある力道山伝説のうちのひとつで、いまとなってはその真偽のほどを確かめるすべはない。

一九四九年は第三次吉田内閣が発足し、GHQが一ドル=三六〇円の単一為替レートを設定。郵政省、電気通信省、地方自治庁、総理府、日本国有鉄道、日本専売公社などが発足した年でもある。力道山は一月場所を八勝五敗で勝ち越し、五月場所で関脇に昇進した。

しかし、この年の二月、肺臓ジストマ症（肺吸虫症＝肺に吸虫類が寄生することによって引き起こされる）で約二カ月間入院。力道山はこのときのいきさつを自伝本に「医師から出場をとめられていた。私は死んでも休場しないと医師のことばをしりぞけて出場した」「好物のカニを食べたときに感染したらしい。この病気は肺結核に似た症状でセキやタンが出て、はき気をもよおし、微熱が続き食欲もなくなり、いちじるしく体力が消もうする」「三十貫（113キロ）近くあった体重は二十六貫（97キロ）まで減ってしまった」（力道山『空手チョップ世界を行く』）と記している。体調不良のまま新関脇としてのぞんだ五月場所は三勝十二敗と大きく負け越した。

突然の断髪

西関脇から西前頭二枚目に番付を落とした一九四九年十月場所は、八勝七敗でかろうじて勝ち越し。翌年一月場所では西小結に復帰して十勝五敗で再び勝ち越しを決め、この場所では横綱・東富士から金星をあげた。そして、西関脇に番付を戻しての五月場所も八勝七敗で勝ち越していよいよ大関へ王手をかけたかにみえたが、九月場所の番付が発表される九月十一日の前夜、力道山は日本橋浜町の自宅で突然、自らの手でマゲを切った。

一九五〇年はアメリカで反共産主義の政治的運動マッカーシズム＝赤狩り（Red Scare）が本格

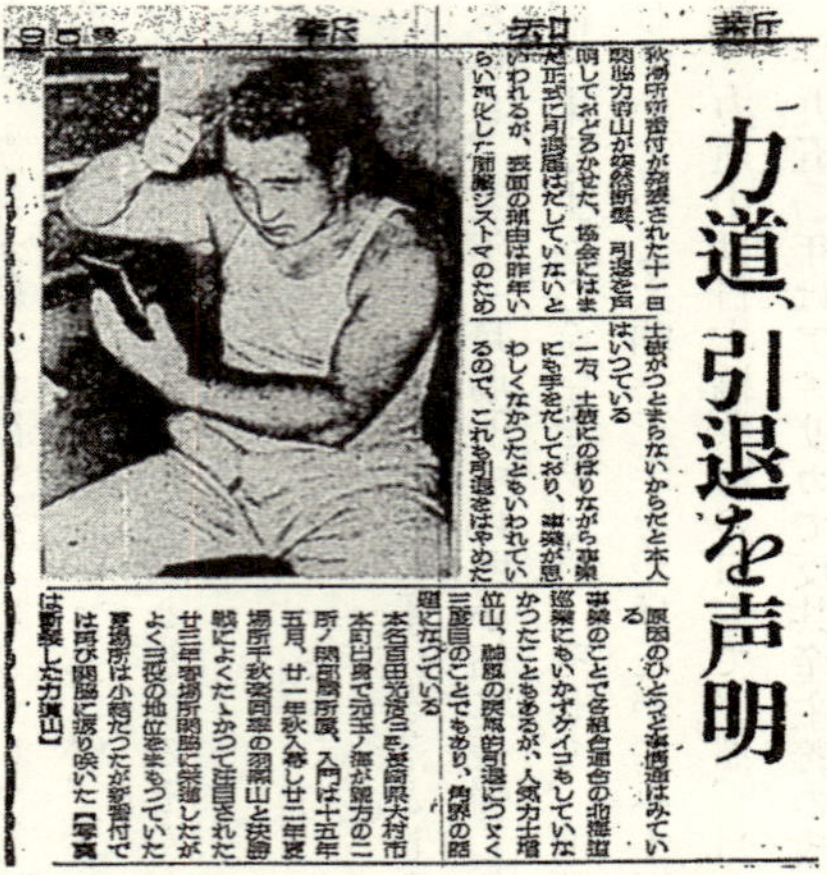

力道、引退を声明

秋場所番付が発表された十一日関脇力道山が突然断髪、引退を声明しておどろかせた、協会にはまだ正式に引退届はだしていないといわれるが、表面の理由は昨年いらい悪化した肺臓ジストマのため土俵がつとまらないからだと本人はいつている

一方、土俵にのぼりながら事業にも手をだしており、事業が思わしくなかつたともいわれているので、これも引退をはやめた原因のひとつと消息通はみている

事業のことで各組合連合の北海道巡業にもいかずケイコもしていなかつたこともあるが、人気力士増位山、神風の突然的引退につゞく三度目のことでもあり、角界の話題になつている

本名百田光浩(二七)長崎県大村市本町出身で元玉ノ海な親方の二所ノ関部屋所属、入門は十五年五月、廿一年秋入幕し廿二年夏場所千秋楽同率の羽黒山と決勝戦によくたゝかつて注目された、廿三年春場所関脇に昇進したがよく三役の地位をまもつていた、夏場所は小結だつたが秋番付では再び関脇に返り咲いた【写真は断髪した力道山】

図1-1　『報知新聞』1950年9月12日付の記事

化した年だった。日本でも六月、マッカーサーが共産党中央委員二十四人の公職追放を指令し、新聞『アカハタ』の発行を停止。GHQは新聞社、通信社、メディア関係各方面に共産党員とその同調者の追放を指示し、いわゆるレッド・パージがスタートした。六月二十五日、朝鮮半島で韓国(アメリカを中心とする国連軍が協力)と北朝鮮(中国人民義勇軍が支援)の武力衝突が起き、朝鮮戦争が始まった。九月、政府も公務員のレッド・パージ方針を打ち出した。

力道山の断髪は突発的なものだったかもしれないし、あとになってみればそれは必然的なタイミングだったかもしれない。いずれにしても、その夜、力道山は相撲社会との別れを決断していた。

『報知新聞』(一九五〇年九月十二日付)は二面で「力道、引退を声明」という大見出し――手鏡を持って断髪したばかりの髪をくしでとかす力道山の写真入り――でその引退を報じている

（図1-1）。大相撲の幕内力士、それも三役の関取の突然の引退騒ぎは大きなニュースであり、力道山はこの時点でそれくらい一般的知名度の高いスターだった。新聞記事から引用する。

秋場所新番付が発表された十一日関脇力道山が突然断髪、引退を声明しておどろかせた。協会にはまだ正式に引退届はだしていないといわれるが、表面の理由は昨年いらい悪化した肺臓ジストマのため土俵がつとまらないからだと本人はいっている。

一方、土俵にのぼりながら事業にも手をだしており、事業が思わしくなかったともいわれているので、これも引退をはやめた原因のひとつと事情通はみている。

事業のことで各組合連合の北海道巡業にもいかずケイコもしていなかったこともあるが、人気力士増位山《ますいやま》、神風の疾風的引退につづく三度目のことでもあり、角界の話題になっている。

本名百田光浩(二五)長崎県大村市本町出身で元玉ノ海が親方の二所ノ関部屋所属、入門は十五年五月、二十一年秋入幕し二十二年夏場所千秋楽同率の羽黒山と決勝戦によくたたかって注目された。二十三年春場所関脇に栄進したがよく三役の地位をまもっていた。夏場所は小結だったが新番付では再び関脇に返り咲いた。

（『報知新聞』一九五〇年九月十二日付）

断髪をめぐるさまざまな憶測

力道山がある夜、突然、相撲取りの証であるマゲを自らの手で切り落とし、相撲社会と決別しようとした理由はいったい何だったのだろう。

このニュースをリアルタイムで報じた『報知新聞』は「昨年いらい悪化した肺臓ジストマのため土俵がつとまらないからだと本人はいっている」と力道山自身のコメントを紹介したうえで「一方、土俵にのぼりながら事業にも手をだしており、事業が思わしくなかったともいわれているので、これも引退をはやめた原因のひとつ」としている。すぐとなりの関連記事は力道山を「三役陣の猛者《もさ》」と形容している。

秋場所の新番付発表の前夜という微妙なタイミング、自宅での深夜の断髪というシチュエーションから、力道山の引退はこの時点では感情的、突発的な行動であったとみるのがどうやら自然だろう。事実、相撲協会はこの一九五〇年の九月場所の番付には西関脇・力道山を記載したまま休場扱いとし、翌五一年一月、正式に廃業を発表。生涯成績は百三十五勝八十二敗十五休(全二十三場所)、幕内では七十五勝五十四敗十五休(十一場所)という数字が残った。十年間の力士生活で、引退宣言をした場所の全休以外は一場所も休まず、これといった大きなケガもなかったのは力道山の肉体(と精神)がそれだけ強靭《きょうじん》だったということである。

この五〇年の五月場所終了後、力道山は二所ノ関部屋一門と北海道、東北へ夏の地方巡業に出て、その後、九月第一週の東神奈川場所までこれに同行。そして、同月十七日が初日となる大阪阿倍野橋仮設国技館での九月場所の番付が発表される十一日の前夜、日本橋浜町の自宅の台所で自らの手でマゲにハサミ(一説によれば包丁)を入れた。

突然の断髪の理由について力道山は「私が裏切られたことと、協会の冷たい仕打ちに対してふんがいしていたことは事実である。終戦後で協会の運営の苦しかった時代であるが、肺臓ジストマにかかって死ぬか生きるかの境にある人間になんの保障もない」「また二十四年の一月場所の番付のことだが、私は前の場所東の小結で六勝五敗と一つ勝ち越しながら西の小結に下げられた。兄弟子の神風関は、前場所前頭筆頭で八勝四敗(七勝四敗の誤り)の成績から私より上の東の小結に進んでいる」「番付だけが楽しみで精進する力士にとって、こうした仕打ちはあまりにもひどい」(『空手チョップ世界を行く』)と回想している。力道山の存命中に公開された伝記的な映画『力道山物語　怒濤の男』(森永健次郎監督、一九五五)も――映画の冒頭部分では「ここに出てくる人物は事実のままでなく多くの点で映画的につくられた」との但し書きが表示される――この力道山の主張を補完するストーリーになっている。

一方、前出の相撲・プロレス評論家の小島貞二は「力道山は焼けた二所ノ関部屋の再建のため、一役も二役も買って」「大阪にこもったきりの親方(先代玉ノ海)をかついで、師匠の座に再びすえる努力もした」と力道山と二所ノ関親方の親しい関係をふり返りつつ、「好意と善意と敬意を払った親方に、ちょっと金のことで叱られたというが、酒に酔っての激情なんて、よくあることだ」（小島『日本プロレス風雲録』）とべらんめえ文体で師弟の衝突とそのいきさつについて解説している。

力道山の死去から二十年後に出版された書籍では、プロレスライターの〝長老〟鈴木庄一が「私は力道山自伝『空手チョップ世界を行く』（三十七年、ベースボールマガジン社刊）をゴーストライターとして書いた。その折、その真意をただした」と前置きしてから「『あえて廃業の直接の動機を知りたいなら、その責任は協会にあると言いたい』と言った」と力道山の発言を紹介し、「かつては親方と結んだ（力士にスカウトされる）力道山も、金銭問題から気まずくなったとも事実」と分析。さらに「力道山の力士育ての親の玉の海氏は『入門から敗戦時までの力道山は、とても素直でいい子で、けいこ熱心だった。だが敗戦後は気持ちが変わったのか性格も一変した』と、かつて言った」と親方のかつてのコメントをピックアップしている（鈴木『鈴木庄一の日本プロレス史 上』）。

『報知新聞』が報じた力道山の「事業」、小島が「金のこと」、鈴木が「金銭問題」とそれぞれ記述しているのは、力道山が日本橋浜町二丁目の自宅兼店舗で開業していた料理店「百の家」の経営、戦後まもない時期から手がけていたとされるアメリカからの中古車の輸入代行販売業、米軍基地からの払い下げ電化製品、家具、生活雑貨などを販売するベンチャービジネスとその資金繰りについてだろう。このころ力道山が乗りまわしていたインディアンの大型バイクはそういったアメリカ産の〝戦利品〟のひとつで、のちに大いに発揮することになる国際的なビジネスマンとしての才覚の片鱗《へんりん》ととらえることもできる。

相撲から学んだ人生のメタファー

力道山の相撲時代の師匠である親方の玉ノ海梅吉（本名・蔭平《かげひら》梅吉）は、一九一二（大正元）年十一月三十日、長崎県東彼杵郡《ひがしそのぎぐん》（現在の大村市）の生まれだ。三〇（昭和五）年十月場所で初土俵。三五年一月場所で初入幕。三八年十二月、二枚鑑札《かんさつ》（現役の力士・行司が同時に年寄の株をもつこと）で年寄・二所ノ関を襲名していた横綱・玉錦が巡業先の大阪で急性虫垂炎のため急死し、同門で関脇だった玉ノ海が現役力士のまま、これも二枚鑑札で年寄・二所ノ関を襲名して部屋を継承。二十六歳の若さで親方となった。

力道山が新弟子として二所ノ関部屋に入門してくるのはそれから一年二カ月後の一九四〇年二月。玉ノ海は終戦の年、四五年十一月場所を最後に現役を引退した。公式プロフィールのとおり、力道山の生年月日を二四年十一月十四日とする場合、親方との年齢差は十二歳。相撲社会では親方と弟子とは親子のような関係とされ、二所ノ関親方と力道山はこれもプロフィール上は同郷の師弟ということになっていた。

深夜の孤独な断髪というエピソードには力道山の人物像、性格を知るための大きなヒントが隠されている。入門時の年齢が十六歳だったとしたら十六歳から二十六歳まで、十八歳だったとしたら十八歳から二十八歳までの、人格形成のためのいしずえとなる十代後半から二十代後半までの濃密な十年間を力道山は相撲社会で過ごした。生きていくうえで大切なことや価値のあることを、あるいは大切でないことも価値のないこともすべて相撲から学んだ。

相撲社会には相撲社会の言語があり、それはライフスタイルであり哲学である。「蹲踞《そんきょ》」の姿勢は相手を敬う心がまえで、「手四つに組む」は正面から堂々と取り組むこと。「お米」はお金、現金のことで、「ごっつぁん」はごちそうさま、ごちそうになるという意味のほかに、祝儀をもらう、贈答品を受けとる、感謝の意を表すというニュアンスがある。

勝負事だから勝つこともあれば負けることもある。なかなか勝負がつかず「痛み分け」になるときもあるし、結果について「物言い」がつくときもある。自分がいくら力をこめて攻めていっても相手から「肩すかし」を食う場合があるし、その反対に攻め込んできた相手をこちらが「いなす」場合もある。「押し突き」「突っ張り」「寄り切り」「うっちゃり」。相撲の取り口と決まり手には人生のさまざまなメタファーがちりばめられている。

朝鮮半島から〝内地〟にやって来たことは、植民地に生まれ育った力道山の〝日本人化〟のプロセスだった。裸一貫の立身出世。相撲社会に身を置き、マゲを結うことは、日本人の範疇でも一種の特権階級への仲間入りであり、強くなって、勝ち星を積み上げ、番付を上げていくことは相撲社会のなかでのカースト、ヒエラルキー＝上下関係の克服を意味し、それは日本の社会における身分・地位の向上にもつながっていた。十代だった力道山は無我夢中で稽古に励み、心身ともに成長し、大志を抱き、やがて強烈な自我にめざめていった。

日本統治下の朝鮮半島では、あるときは朝鮮人であることを求められ、またあるときは日本人＝臣民・皇民であることを求められた。〝内地〟日本での生活では、あるときは〝日本人化〟を求められ、またあるときは朝鮮人＝同胞でありつづけることを求められた。いずれにおいても、それは生まれた場所と生まれた時代によって宿命づけられたエスニシティではあったけれど、相撲によって強烈な自我にめざめた力道山は、朝鮮人でも日本人でもなく、唯一無二の個としての「力道山」をアイデンティティとすることを選択したのではないだろうか。

力道山にとって自分の意志と力だけではどうにもならなかったのは、戦時下で社会が混乱して国民生活が困窮していったこと、相撲取りとしての日常が想像していたほどは経済的に恵まれたものではなかったこと、力士としての現役生活がそれほど長くはつづかないという現実の連鎖だった。強かったはずの大日本帝国はアメリカに敗れ、〝内地〟の領土はGHQに占領された。力道山は相撲社会に失望し、敗戦国となってしまった日本にも失望したのだろう。

そして、勝負の世界に生きてきた力道山の〝土俵の勘〟のようなものは、戦勝国アメリカ、富める国、海の向こうの巨大な国に惹きつけられていった。相撲を取ること以外の方法で生きていく道を模索するようになった力道山が、大関の番付を目前にして親方に相談せずマゲにハサミを入れてしまったのは、相撲の言語に変換するならば、その時点ではやや「勇み足」だったということになるのかもしれない。

〝長崎県出身〟というプロフィール

力道山がプロレスラーとして活躍していた時代は、正式に箝口令《かんこうれい》が敷かれていたというよりは、おそらくメディアの自主規制により、その出自に関する議論はタブー視されていた。力道山は相撲時代にはすでに〝日本人化〟していたから力道山自身があえてそれについて言及することはなかったし、国民的ヒーローとなった力道山が〝純粋な日本人〟であることはメディアにとっても、ヒーローの物語を消費する戦後社会にとっても都合がよかった。小島貞二は一九五七(昭和三十二)年――力道山が〝鉄人〟ルー・テーズの世界ヘビー級王座に挑戦した年――の著作ではオフィシャル(フィクションの可能性が高い)のプロフィールに〝協力〟し「力道山は大正十三(一九二四)年十一月十四日、長崎県大村市の農家百田己之助《原文ママ》の三男として生れた。よく整った顔、のびのびとした四肢は見るからに英雄の誕生を思わせた。ミツヒロと名付けられた。百田光浩、これが力道山の本名である」(『日本プロレス風雲録』)と記述している。

ところが、力道山の死去から二十年後に出版された著作では小島は「力道山を知ったのは、彼が相撲に入って間もなくのころだから、ひょっとすると、私など一番古い知人・友人の部に入るかもしれない」と自らの立ち位置を明確にしたうえで相撲界の視点からその詳しいプロフィールを紹介している。

力道山の入門は昭和十五年の二月。新弟子検査は五月六日に行われて合格する。相撲協会の記録には、「出身地朝鮮、四股名力道山、本名金信済《原文ママ》、年令十八歳（数え）、五尺七寸六分（一メートル七五）、二十二貫三百（八四キロ）」と残る。

生年月日も協会への届出は、大正十二年七月十四日となっている。プロレスラーとなってからの、大正十三年十一月十四日とは、一年以上違う。〔中略〕

序ノ口（西の中軸）に名がのったのは、その翌場所（当時は年二タ場所）の十六年一月で、番付には「朝鮮　力道山昇之介」とある。〔中略〕

「肥前　力道山光浩」とかわったのは、次の場所（十六年五月）序二段中軸に上ったときで、結局、これが力士時代、プロレス時代を通じてのフルネームとなるわけであるが、途中、三段目のころ「力道山信洛」と書かれたこともある。〔中略〕

力道山が朝鮮出身であることを、新しい発見のように書く人もいるが、相撲界ではみんな知っていたことだ。当時、朝鮮はおろか、台湾、あるいはアメリカからの力士も少なくなく、別に仲間うちが差別の目でみるようなことはなかった。（小島『力道山以前の力道山たち』）

小島によれば、力道山のプロフィール上の出身地が朝鮮から肥前——現在の佐賀県と壱岐・対馬を除く長崎県エリア——に変わったのは番付が序ノ口から序二段に昇格した一九四一年五月場所からだった。つまり、入門から一年後には力道山はすでに〝日本人化〟していたことになる。〝内地〟で相撲取りになった時点で、力道山は、やがて朝鮮半島に戻って生活するという選択肢を捨てていたのかもしれない。同書にはこんなやりとりもある。

当時の思い出の一つに、力道山も出席した座談会がある。昭和十七年十二月号の『野球界』の、「幕下有望力士放談会」で、力道山は、

「おかげで今は非常に元気です。二十五貫五百ばかりあります。物言いを付けるようで変ですが、僕は半島出身のようになっていますが、親方（玉ノ海）と同じ長崎県ですから、よろしく」

と、語っている。（同前）

ここでは幕下時代の力道山がはっきりと「僕は半島出身のようになっていますが、親方（玉ノ海）と同じ長崎県ですから」とコメントしているが、この記事が雑誌『野球界』に掲載された一九四二年には、五月場所のあと、満州巡業の途中で二年ぶりに朝鮮に帰郷したとされ、このあたりに力道山のなかのアンデンティティの揺らぎのようなものがみてとれる。この時点での力道山の年齢は、「一九二〇年生まれ説」「一九二二年生まれ説」であれば二十二歳か二十歳で、「一九二三年生まれ説」「一九二四生まれ説」をとるならば十九歳か十八歳だった。

力道山が朝鮮へ里帰りした翌年、一九四三年三月、力道山の娘・金英淑《キムヨンスク》がかの地で生まれたとされる。それが力道山個人の資質であったのか、相撲社会の文化的慣習に由来するものであったかについてはいささかの議論の余地を残すところではあるが、どうやら力道山は早熟だった。戦中から戦後の四四年から四八年にかけて、プロフィール上は二十一歳から二十四歳にかけて日本でも長女・千栄子、長男・義浩、次男・光雄の三人の子どもをもうけ、結婚もした。相撲の言語で「面倒を見る」は、結婚して家族を養うことを指す。

“出自”を追ったふたつの文献

力道山のルーツが朝鮮半島にあることは、現在では史実としてオープンに論じられるようになっているが、活字メディアがその出自にまつわるストーリーを詳細に描くようになるまでにはそれなりの年月がかかった。小島貞二が指摘したところの「力道山が朝鮮出身であることを、新しい発見のように書く人」ということになるのだろう。ノンフィクション作家・牛島秀彦の『もう一つの昭和史① 深層海流の男・力道山』(一九七八年)、ルポライターの井出耕也が雑誌『ナンバー』(一九八三年三月五日号)に寄稿した記事「追跡! 力道山」の二点はそのなかでもとりわけ資料的価値の高い文献といっていい。

力道山がどのようにして相撲社会に身をゆだね、〝日本人化〟していったのか。力道山の出自はなぜ隠されなければならなかったのか――。これらを検証することには、力道山の個人史をひも解いていくこと以上に、力道山の歩みからみえてくる戦中・戦後の日本の歩みそのものを考察していくタスクとしての意義がある。これらふたつの文献について、本書では前者を牛島リサーチ、後者を井出リサーチと表記する。

『深層海流の男・力道山』は、牛島が雑誌『潮』に二回にわたり寄稿した記事を「広範囲な追加取材と資料取集を行ない、全面的に手を入れ」一冊にまとめた著作である。同書はその初版の刊行から十七年後、『力道山――大相撲・プロレス・ウラ社会』(一九九五年)という新タイトルで増補改訂版が出版された(以降の引用は増補改訂された同書より)。

牛島リサーチのとくに重要な部分は、牛島が力道山の公式プロフィール上の出身地である長崎県大村市を訪れ、朝鮮で力道山を相撲にスカウトし、日本では兄のような存在であったとされる小方寅一と対面したこと、力道山の日本の戸籍上の父である百田巳之吉の〝正体〟について小方から聞き出していること、そして、小方が所持していた「黄ばんだ戸籍抄本と除籍原本」を目撃し、それを手にとり、ていねいに書き写して持ち帰り、分析、検証したことだ。

牛島が取材にあたった一九七七年の夏の時点で小方は七十五歳だったというから、生まれた年は一九〇一（明治三十四）年か〇二年で、公式プロフィール上の力道山よりも年齢では二十二歳か二十三歳年上ということになる。

「深層海流の男」――牛島リサーチから

牛島リサーチが明らかにしている力道山と小方寅一、百田巳之吉（戸籍名は巳之助）との関係、力道山の相撲入りまでのいきさつをかんたんにまとめるとこうなる。

小方の実父・与吉は四十歳で食道がんのため死去。母親・ヒデはこのとき三十七歳で、残された家族は母、寅一、妹の三人。小方家に出入りしていた百田巳之吉という大工とヒデはまもなく内縁関係となり、小方は巳之吉を〝二番親爺〟と呼ぶようになった。この〝二番親爺〟巳之吉は大工の棟梁からのちに興行師、置屋「百の家」の経営を兼業するようになるが、大の相撲ファンで、地元出身の玉ノ海梅吉の後援会幹事などもしていた。

小方は一九二五（大正十四）年、朝鮮警察官募集の公示に応募。翌二六年三月、朝鮮総督府の警察官講習所で五カ月間の訓練を受けて警察官となった。国境巡査から警部補に昇進するまで、二十代半ばから四十代前半までの十七年間を朝鮮で過ごし、最後の赴任先の鴨緑江上流の六土場《りくどば》には四三(昭和十八)年までいたという。

朝鮮では当時、端午《たんご》の節句に少年たちの相撲(シルム)大会が開かれていた。小方が警部補として六抬《りくたい》というメンタイ漁場の村に赴任していたとき、養父・百田巳之吉が日本からその端午の節句の相撲大会を見物にやって来た。大会の優勝力士は力道山の兄の金恒洛《キムハンラク》で、弟の金信洛《キムシンラク》(のちの力道山)は三位の成績だった。牛島リサーチから引用する。

> 兄の金恒洛はともかく、当時十五歳だった金信洛の隆々たる体格を見て、相撲狂《原文ママ》の百田巳之吉は、玉の海の率いる二所ノ関部屋へなんとかして入れて、後援会幹事としての実績をあげようと思った——。〔中略〕
>
> さっそく本人に打診してみると、日本の大相撲でいっちょうやってやろうという気が十分で、明日にでも行きたい構えだが、母親の巳《チョンギ》が大反対した。〔中略〕
>
> どうしても日本へ可愛い息子をやらせたくない母親は、急いで花嫁をさがして、結婚式を信洛に挙げさせることにした。

小方警部補は、「一晩でも花嫁と寝れば、絶対に内地へはやれんからな」と、金信洛に釘を刺す。〔中略〕金信洛は、母親の顔も立て、小方警部補の言にもしたがった。すなわち、「大日本大相撲の力士」への夢にとり憑かれた一本気の青年は、母親の言うとおり、挙式はしたが、肝心の花嫁は置きざりにして、小方寅一宅へころがりこんだのだった。

（牛島『力道山』）

小方と百田巳之吉が金信洛をスカウトしたあと、大相撲・二所ノ関一門が朝鮮巡業にやって来て、このとき親方（玉ノ海）がのちの力道山と対面して入門を許可した。日本への渡航については、玉ノ海の実父・蔭平虎松が福岡・北九州の門司港《もじこう》まで力道山を迎えにいき、東京の二所ノ関部屋まで連れていくというプランが立てられた。牛島リサーチは、改正朝鮮民事令――一九三九年十一月公布、翌四〇年二月施行――の「創氏改名」によって金信洛が日本名の「金村光浩」となったと記している。

力道山の日本大相撲力士入門の途《みち》には、さまざまな特別措置がほどこされた。なにしろ、オールマイティの警察が窓口である。何らかの支障が起ころうはずはない。

さらに、「大日本帝国の国技」の力士になる――という胸を張った堂々たる大義名分のもとに、工作がほどこされた。すなわち、軍司令官も進んで協力し、「金村光浩は、あくまで

も、国技・大相撲の力士として皇威を発揚すべし」という美名のもとに、将来ともに「徴兵」は免除された。〔中略〕

その〔門司港で蔭平虎松が出迎える〕さいの目印は、日の丸の小旗。「皇民・金村光浩」は、意気揚々と胸をはり、日の丸の小旗を打ちふりながら、夢にまで見た〝内地〟の土地を踏んだ。

（同前）

日本統治時代の朝鮮生まれの臣民、皇民である金信洛の〝内地〟への移転については「さまざまな特別措置がほどこされた」「警察が窓口」「軍司令官も進んで協力」「将来ともに「徴兵」は免除」とあるが、これらは牛島が組み立てた仮説なのだろう。同書はいつ、どこで、だれが、どのようにして、そうなり、なぜそうしたのかについての論拠を示していない。

力道山の戸籍上の父親となった百田巳之吉の人物像は、小方の実父・与吉の死後に小方の母ヒデと内縁関係になった義父、大工の棟梁、のちに興行師と置屋を兼業、大の相撲ファンで「地元出身の玉の海梅吉の後援会の幹事」「当時十五歳だった金信洛の隆々たる体格を見て〔中略〕玉の海の率いる二所ノ関部屋へなんとかして入れて、後援会幹事としての実績をあげようと思った」というふうにまとめられている。やや蛇足になるが、巳之吉が営んでいたとされる置屋が「百の家」で、力道山が幕内力士時代に経営していた料理屋がこの「百の家」の屋号を継いでいたことはひじょうに興味ぶかい。

まだ十代の少年だった力道山については「日本の大相撲でいっちょうやってやろうという気が十分で、明日にでも行きたい構え」「「大日本大相撲の力士」への夢にとり憑かれた一本気の青年」「意気揚々と胸をはり、日の丸の小旗を打ちふりながら、夢にまで見た〝内地〟の土地を踏んだ」と描写しているが、このあたりの記述は力道山の心情というよりは、あくまでも牛島がイメージするところの「皇民・金村光浩」ととらえるべきだろう。

「力道山の真実」――井出リサーチから

牛島リサーチとはややちがったアプローチから力道山の出自を追いかけたもうひとつの文献は、雑誌『ナンバー』（一九八三年三月五日号）に掲載された井出耕也による「追跡！ 力道山」という記事だ。この号の表紙はモノクロの力道山のチャンピオンベルト姿のポーズ写真で、写真のすぐ横には「力道山の真実」、表紙頁上のオビには「プロレス大ブームの原点、力道山の真実」というコピーが記され、同号は「「力道山」とは何だったのか？」という巻頭特集を組んでいる（**図1-2**）。

一九八三（昭和五十八）年は力道山の死去からちょうど二十年にあたり、力道山関連の書籍、写真集などが多数出版され、新作、旧作の力道山映画が劇場公開されて、テレビ、新聞、雑誌

図 1-2 『ナンバー』1983 年 3 月 5 日号の表紙

もこぞって力道山の特集を組んだ年だった。『ナンバー』の巻頭特集もこの年の〝力道山ブーム〟が世に出した活字アイテムのなかのひとつということになる。

「プロレス大ブームの原点」とオビにあるように、この時代の現在進行形のプロレスは何度めかのブーム期にあり、アニメの〝実写版〟として現実のプロレスのリングに出現した初代タイガーマスク（佐山サトル）が大人気で、アントニオ猪木対ハルク・ホーガンの「83ＩＷＧＰ決勝リーグ」優勝決定戦で猪木が〝舌だし失神ＫＯ〟で救急搬送という〝事件〟が起き、テレビと新聞がこれをニュースとして大きく報道。金曜夜八時のプロレス中継『ワールドプロレスリング』（テレビ朝日）は毎週のように三〇パーセント台の高視聴率をはじき出していた。

「追跡！ 力道山」は、牛島リサーチから五年後の一九八二年の冬から八三年にかけて取材、執筆されたルポルタージュである。この井出リサーチの大きな特徴は、〝戦後のヒーロー〟〝昭和のヒーロー〟になる以前の力道山＝金信洛を知る人たち、同胞として力道山と接した人たちを取材している点だ。井出もまた、牛島と同じように、力道山の公式プロフィール上の出身地である長崎県大村市を訪れ、七九年九月に死去した小方寅一の妻のフミ夫人から話を聞いている。

「毎年5月5日になると、朝鮮相撲が開かれました。そこに力道山が出ていたのをお父さん〔小方寅一〕が見つけて、いい相撲とりになると思ったんです。ちょうど小方の父親の百田巳之吉も大村から遊びにきていて、相撲が終わったあと、部下の朝鮮の警察官の人に連絡をとってもらって、翌日の昼ごろ、力道山を家につれてきたんです。それから座敷で力道山を裸にして、小方と百田の二人で寸法をとったりしたんですよ」（井出「追跡！力道山」）

小方はこのころ、力道山の生家があった咸鏡南道洪原郡龍源面新豊里から六キロほど離れた六抬という町の警察官駐在所の所長をしていた。

「力道山に相撲は好きかと聞くと、「ゴハンより好きだ」という。それで、相撲とりにならないかというと、大喜びで「ハイ、すぐにでも日本に行きます」と答えました。〔中略〕そのあと四十日ぐらいたってから、力道山は一人で日本に行きました。京城まで汽車でいって、京城からまた汽車で釜山まで行き、釜山から船で日本に行ったようです。力道山は家の人が日本行きに反対で、家に帰れないというから、日本に出発するまで四十日ぐらい、駐在所の横の私たちが住んでいた官舎に泊めてやりました。出発するときは、百田の顔を忘れたというんで、目印に日の丸の小旗を持たせてやりましたよ」（同前）

端午の節句の相撲大会で百田巳之吉と小方寅一の（義理の）親子が力道山を発見したこと。日本で相撲取りになりたいかどうかを聞くと力道山が「行きたい」と答えたこと。力道山の家族が息子の日本行きに反対したこと。日本へ出発するまで力道山が小方寅一の家に寝泊まりしていたこと。このおおまかな流れについては牛島リサーチと井出リサーチは一致している。

牛島リサーチにあった「どうしても日本へ可愛い息子をやらせたくない母親は、急いで花嫁をさがして、結婚式を信洛に挙げさせることにした」「母親の言うとおり、挙式はしたが、肝心の花嫁は置きざりにして、小方寅一宅へころがりこんだ」とする力道山の結婚に関するエピソードについては井出リサーチではふれられていない。

小方フミ夫人がコメントしている「力道山は一人で日本に行きました。京城まで汽車でいって、京城からまた汽車で釜山まで行き、釜山から船で日本に行ったようです」という日本までの移動のコースは牛島リサーチにはなかったディテールで、力道山が日の丸の小旗を持っていったという点も牛島リサーチと井出リサーチは一致している。しかし、牛島リサーチがここを

「目印は、日の丸の小旗。「皇民・金村光浩」は、意気揚々と胸をはり、日の丸の小旗を打ちふりながら、夢にまで見た〝内地〟の土地を踏んだ」としているのに対し、井出リサーチは「出発するときは、百田の顔を忘れたというんで、目印に日の丸の小旗を持たせてやりましたよ」としていて、「日の丸の小旗」が意味するところのニュアンスはかなり異なっている。

このときの力道山の年齢については、牛島リサーチでは「当時十五歳だった金信洛の隆々たる体格」「十四歳、時に、一九四〇年(昭和十五年)二月、全世界を敵としたあの「太平洋戦争」が勃発する前年のことであった」とバラつきがみられるが、井出リサーチは「十八歳のころ、日本に渡って大相撲に入門した」とさらりと記述している。

少年時代を知る人物の証言

力道山を少年時代から知る貴重な証言者として、井出は「力道山の家から70メートルぐらい離れたところで生まれた」陳濵根という人物を探しあて、聞きとり調査をしている。

陳は一九二三(大正十二)年生まれで、井出による取材がおこなわれた時点では五十九歳。四一(昭和十六)年に日本に来て、中央大学を卒業したあと、ずっと日本に定住し、昭和三十年代から東京・五反田駅前で焼肉屋を経営。力道山とは同じ小学校に通っていたという。陳のコメントの数かずからは力道山の少年時代の姿が浮かび上がってくる。

「私は力道山と一緒に小学校に通ったよ。霊武小学校という学校だ。一学年一クラスで、クラスの人数は60人ぐらい。あの男とは同じクラスだった。力道山のほうが私より一歳上だったな。あのころは今とちがって、就学年齢がキチンとしていなかったんだ」（同前）

公式プロフィールでは力道山の生年月日は「大正十三（一九二四）年十一月十四日生まれ」だが、陳はこれを「いや、そんなことはない。力道山は私より一歳上だ。大正11（一九二二）年生まれだよ。これは絶対に間違いがない」と否定している。

陳と力道山の故郷は「夏は35度、36度になるが、冬は氷点下15度ぐらいまでさがる。雪が1メートル以上もつもることもある。でも、いいところだった。山地の多い咸鏡南道の中で、龍源面は北と東西を低い山に囲まれた中に、南に向かって平地が海までつづき、田んぼがたくさんあった。豊かなところ」で、陳の家から七十メートルほどの距離にあったという力道山の実家は、トウモロコシの茎で編んだ塀に囲まれた一軒の草ぶき屋根の農家だったという。

朝鮮半島の北東部に位置する咸鏡南道洪原郡龍源面は、夏は暑くて冬は寒い盆地で、山々があり、田んぼが広がり、平地の南側には海岸があるちいさな町だという。力道山はそういう豊かな自然のなかで生まれ、十代の少年期までをここで過ごした。

「力道山は、子供のころからズバ抜けて、からだが大きかったよ。相撲も同級生では、まったく相手にならなかった。気性は激しかったなあ」（同前）

力道山は三人兄弟で、長男が恒洛、次男が公洛《コンラク》、信洛（力道山）は三男で末っ子。父・金錫泰《キムソクテ》は漢学者だったとされるが、家は貧しく、母・巳が霊武の駅前の市で米を売って生計を立てていたという。

力道山のふたりの兄を知る陳は「力道山の家の庭には、恒洛さんが相撲で優勝してもらってきた賞品の牛が何頭もつながれていた。この牛を売って生活の足しにしていたようだ」「強くて、ハンサムで、性格はおとなしくておだやか」と長男・恒洛の印象を語り、次男・公洛は陳が小学校に上がるころ、京城の陳の親戚の医師の家に奉公に出されたと証言している。陳が「気性は激しかったなあ」とふり返る少年時代の力道山は、末っ子らしく家族のなかでの役割分担を任されることのない自由奔放なポジションだったのだろう。陳と力道山が再会を果たしたのは力道山がプロレスラーとしてスーパースターになってからだった。

「私が焼肉屋を始めると、力道山がときどきやってきた。しかし店があいてる時間には絶対にこなかった。深夜、店が終わってから人目につかないように一人だけでやってきて店の二階の座敷で私を相手に故郷の話をしながら焼肉やキムチや豆モヤシを食い、酒を飲んでアリランやトラジを歌った」

「人気商売だから、私のところに来るときも帰るときも人に見られないように神経をつかっていたんだ。夜中の二時、三時に電話をかけてきて、長い間故郷の話をするようなことは、しょっちゅうだった。それが死ぬころまで続いた」 （同前）

陳は力道山と北朝鮮に住む長兄・恒洛との手紙のやりとりにも関与したという。当事者が語るディテールは生なましい。

「普通のルートでは、三十八度線の北からの手紙は日本に届かない時代だ。手紙は裏のルートで私あてに来た。力道山は向こうの文字が読めないから、私が読んであげた」

「返事も力道山が話すのを私が書いて向こうに届くようにしてやった。〔中略〕力道山が死んだときには分骨した遺骨を向こうに送ったよ。届いたかどうかわからないし、墓ができたかどうかもわからないがとにかく送ったことは確かだ」 （同前）

『ナンバー』に掲載された特集記事「追跡！ 力道山」は、カラーグラビアの最初の見開きページに、小方寅一の家に保存されていた古いアルバムから複写した若き日の力道山とふたりの兄たちがいっしょに写っている記念写真、小方が警察官として赴任していたころの六抬の町の風景の写真、力道山の朝鮮の戸籍抄本の写真などが使われている。

〝生年月日〟は永遠のミステリー

牛島リサーチも井出リサーチも、長崎県大村市での取材の成果として、力道山の出自の謎を解くカギとなりうる「黄ばんだ戸籍抄本と除籍原本」を紹介している。日本統治下――一九一〇（明治四十三）年八月から四五（昭和二十）年八月までの三十五年間の植民地時代――の四四年七月四日付で発行された朝鮮の戸籍抄本と、それから六年後、戦後の五一年二月十九日に東京都中央区で編製された除籍原本である。

力道山の〝日本人化〟について、牛島リサーチは「日本に来て大相撲入りをしたとき、親方の玉の海が、大相撲の力士が朝鮮籍じゃ何かにつけて具合いが悪かろうから……という指示をなして、朝鮮でスカウトした百田巳之助の百田を姓として名のらせるという工作がなされた」とし、井出リサーチは「相撲時代に百田巳之吉の三男に入籍し、日本名を名乗っていた」としている。前者の〝工作説〟は牛島の仮説であり、後者は〝養子縁組説〟をとっているが、どちらの文献もこの経緯について具体的なエビデンスを提示していない。牛島リサーチが示唆したところの〝工作〟はあったかもしれないし、あるいはなかったかもしれない。

朝鮮の戸籍抄本は一九四四年七月四日付で、龍源面で発行されているが、力道山の相撲入門から四年後の夏——幕下から十両に昇進したころ——にそれがどういう理由で、どのような経緯、経路で戦時下の日本に持ち込まれ、長崎県大村市在住の力道山の〝兄〟小方寅一の手元にたどり着いたのかはまったくわからない。小方が朝鮮半島から帰国したのはこの前年の四三年だから、小方自身が持ち帰ったものではない。

一方、日本の除籍原本では本籍は長崎県大村市、力道山＝百田光浩は父百田巳之助、母たつ（この時点でいずれも故人）の長男で、「大正十三年十一月十四日出生」と記されている。一九五〇年十一月二十一日、百田光浩から就籍許可審判の届け出がなされ、翌五一年二月十九日、中央区日本橋浜町を本籍とする新しい戸籍が編製され、さらに五二年一月九日、長崎県大村市の旧本籍は消除された。

この除籍原本には「就籍」「就籍許可審判」「戸籍編製」「消除」といったあまり聞き慣れないいくつかの単語が出てくる。「就籍」とは、出生届けを出していなかった場合や、自然災害により紛失した戸籍を復元するときに記載もれがあった場合など、無籍者（戸籍を持たない者）が届け出をして戸籍を有するようになること。「就籍許可審判」とは、就籍の許可を求める審判の届け出をすることを指す法律用語で、これは「日本人でありながら何らかの理由で戸籍に記載されていない人が、戸籍をつくる手続きの過程で家庭裁判所の審判をうけること」（『大辞泉』）。「戸籍編製」は、届け出や戸籍の訂正などによって新たに戸籍がつくられること。「消除」は、届け出や訂正によって全在籍者が消除されて除籍となることをいう。

長崎県大村市に保管されていた――ひょっとしたらそれ以外の場所にも「写し」は存在していたかもしれない――朝鮮の戸籍抄本も日本の除籍原本も、力道山の出自の謎を解くカギとされるふたつの文書は、現在のようにコピー印刷されたものではなく、厳密にいえば手書きの原本から作成された手書きの「写し」だった。手書きの書類からの手書きの書き写し作業という何段階かのプロセスを考えた場合、その細部にいくつかの誤記があった可能性も否定できない。

このとき、手書きの書類からの手書きの書き写し作業によって数字表記上のエラーが生じるケースがあったとするならば、力道山の生まれた年が資料によって「大正十一年」「大正十二年」「大正十三年」、誕生日が「七月四日」「七月十四日」「十一月十四日」となっていることにもある程度の説明がつく。年齢に関する疑問については、これもまた資料によって〝数え年〟であったり〝満年齢〟であったりするため――一九五〇年一月一日施行の「年齢のとなえ方に関する法律」で国と地方公共団体の機関に実年齢の使用を義務づけ――ここでも諸説のうえにさらに〝一歳〟の誤差が生じることになる。つまり、力道山のほんとうの生年月日はいまをもって永遠のミステリーのままなのである。

日本国籍のパスポートでアメリカへ

バラバラに散らばったパズルのかけらをできるだけシンプルにつなぎ合わせていくと、一九五〇年十一月――自らの手でマゲを切ってから二カ月後、力道山は就籍許可審判の届け出をし、翌五一年二月、就籍が認められて長崎県大村市の本籍から東京都中央区日本橋浜町に転籍、東京を本籍とする新しい戸籍が編製された。五二年一月には長崎県大村市の旧本籍を消除。力道山が日本国籍のパスポートを取得したのはこの直後だったのだろう。

別の視点からみるならば、アメリカへ行くという大きな目的があったからこそ、力道山はこのタイミングで就籍―戸籍編製―消除をおこない戸籍を整理整頓したととらえることもできる。

それから一カ月後の同年二月三日、プロレスラー力道山はアメリカへ向けて武者修行の旅に出発したのだった。

第2章

プロレスとの出逢い

ヒーロー誕生前夜

元世界選手権者ボビー・ブランズ(左)からプロレスの手ほどきを受ける力道山．右はカナダ選手権保持者という肩書で来日したオビラ・アセリン(1951 年 10 月，東京・芝の水交社前庭　提供：朝日新聞社)

相撲廃業から建設会社勤務へ

力道山はいったいいつ、どのようにしてプロレスとめぐり逢ったのだろうか。力道山がマゲを切ったのが一九五〇（昭和二十五）年九月十一日の前夜で、プロレスラーとして初めてリングに上がったのが五一年十月二十八日だから、相撲廃業からプロレスラーとしてのデビューまでには一年以上の時間が空いている。力道山は自伝のなかにこう記している。

私はマゲを切る前に、日ごろお世話になっている新田新作《にったしんさく》さん（故人＝新田建設社長）にだけは相談した。そのとき新田さんは非常に怒って、

「リキ、お前はマゲがあるからこそ世間が信用してくれるのだ。マゲのない力道山など世間じゃ相手にしてくれないぞ」

と、じゅんじゅんとさとしてくれた。

〔中略〕私の心情を聞いてくれた新田さんは、

「よし、オレのところにきて土方《原文ママ》をしろ。新しい人生の出発だ」

といってくれた。〔中略〕

新田建設の資材部長というポストを新田さんは与えてくれたが、現場監督であり、いわば土方の親方である。〔中略〕

私の仕事は当時新田建設がやっていた立川の占領軍基地の工事で〔後略〕
（力道山『空手チョップ世界を行く』）

ここでやや唐突に登場してくる「日ごろお世話になっている新田新作さん」とは、力道山の相撲時代からの後援者、スポンサーで、相撲用語でいうところのタニマチ（明治期の大阪・谷町＝現在の大阪市中央区にいたとされる大相撲の後援者に由来する）だった新田新作のことだ。

新田新作は一九〇四（明治三十七）年四月、福井県生まれ。二一（大正十）年、十七歳で上京し、終戦後、日本橋浪花町《なにわちょう》（現在の人形町）に新田建設をおこした実業家。四七年に戦災で焼失した劇場「明治座」の復興事業に取り組み、五〇年、再建された明治座の社長に就任した。文献によっては「一介のヤクザから身を起こした」「「大東亜戦争」後半の一九四三年（昭和十八年）になると〔中略〕東京蛎殻町《かきがらちょう》一帯の博打場を仕切る存在にのし上がっていた」（牛島『力道山』）というふうに紹介されている人物である。

「私の仕事は当時新田建設がやっていた立川の占領軍基地の工事」というセンテンスは、新田とGHQの公的、金銭的なつながりを示している。力道山が力士時代から乗りまわしていた大型バイクも力道山と米軍軍属との距離の近さをうかがわせるものだったが、新田建設の資材部長・現場監督として米軍基地関連の仕事をするようになったことで、力道山とGHQ関係者のコネクションはよりディープな、より強固なものになっていったととらえることができる。

不発に終わった相撲復帰プラン

相撲廃業からプロレス転向までの空白の期間には、相撲協会関係者、力道山の友人・知人らが動いた現役復帰プランという、あまり知られていないもうひとつのエピソードがあった。力道山には力道山の事情があり、相撲界には相撲界の都合があった。この事情と都合について、前出の小島貞二はこのように示している。

力道山は廃業後メキメキと健康を回復して、大きな背広の中につつまれた五体は、かえって現役時代より逞《たくま》しいものを感じさせた。腹もせり出した。〔中略〕

当時は、日本の世情同様、相撲界も復興の糸口は見せ始めていたが、まだ全面的な復興とまで至っていなかった。力道山と前後して名大関とうたわれた増位山が、横綱を目前に病気引退、引退後力道山と同じように、病気全快して現役時代よりはるかに元気な五体をもてあましていた。

土俵は花形力士を求めていた。惜しまれて去った力道山と増位山に対するファンの郷愁はことさらに大きかった。（小島『日本プロレス風雲録』）

相撲への断ち切れない思いがあったのだろう。マゲのなくなった力道山は、一九五〇年十一月ごろから二所ノ関部屋にやって来て琴ケ浜、神若(のちの芳の里)ら後輩力士を相手に復帰に向けての稽古を始めていた。実際にそういう会話があって、小島貞二がそれを目撃していたのか、それとも小島によってノベライズされたものであるかどうかはいまとなってはわからないが、小島の著書には力道山と東富士のこんなやりとりも描かれている。


「リキさん、その体を、もう一度土俵で働かせる気持はないかね」

「うん、わしもあり余る力のやり場にこまるから、もう一あばれしてみたいと、よく夢に思うとるです」

「一つ、やってみるかね」

「やりたくったって、一度髪を切ったものはしようがないでしょう」

「いや、まんざら望みないこともない。まァまかしてくれ」


(同前)

力道山の復帰プランをサポートしたのは、現役の横綱で力士会会長の東富士、その東富士の後援者でもあった新田新作、第四十一代横綱・千代の山をスカウトして相撲入りさせたことで知られる相撲協会映画部の伊勢寅彦、相撲ファンで大物政治家の大麻唯男《おおあさただお》らだった。

一八八九(明治二十二)年生まれの大麻唯男は、戦時中の東条英機内閣で国務大臣を務め、戦後の第一次、第二次、第三次鳩山一郎内閣では国家公安委員会委員長を三期歴任、戦前の一九二四年から戦後の五七年まで衆議院議員を通算十期つとめ〝政界の黒幕〟といわれた政治家である。この時点では〝浪人中〟だったが、三年後の五三年七月に発足する日本プロレス協会では相談役に名をつらねることになる。

一九五〇年の一月場所を最後に引退した元大関・増位山、元関脇・力道山のふたりの「土俵復帰か?」というニュースが同年十二月、新聞の運動面をにぎわせた。相撲協会役員会は「引退ならびに廃業力士は復活させることもありうる」との条文を財団法人相撲協会寄付行為規定に新たに加えることを決定したとされるが、結果的に力道山の復帰は実現しなかった。

このプランが不発に終わった理由については、力士会が反対したため、協会が提示した「幕下付け出し」という番付を落としての再起案に力道山が難色を示したため、力道山が二所ノ関親方(先代玉ノ海の廃業で弟弟子の大関・佐賀ノ花が継承)に謝罪にいかなかったため、など諸説がある。相撲協会は五一年一月、力道山の引退を正式に発表した。このとき相撲復帰が実現していたら、もちろんプロレスラー力道山は誕生していない。

プロレスとの遭遇をめぐる〝定説〟

力道山とプロレスの運命的な出逢いには「アメリカから来日中だった日系レスラーのハロルド坂田との遭遇がきっかけ」とする〝定説〟がある。ある夜、おたがいの素性をまったく知らない力道山とハロルド坂田が酒場で偶然、顔を合わせ、ケンカまがいの接触のあと、坂田が力道山をプロレスにスカウトしたというストーリーである。

武勇伝のたぐいとしてはたいへんよくできたエピソードで、とくに力道山の死後は多くの活字メディア、映画、漫画などがこれをそのまま史実のように伝えてきた。もちろん、実際にその場面を目撃したジャーナリストはいないが、明治生まれの田鶴浜弘《たづはまひろし》、大正生まれの鈴木庄一、昭和生まれの櫻井康雄《さくらいやすお》の三人の著名なプロレスライターがこの運命のシーンをそれぞれのスタンスでそれぞれの著作、記事に記している。田鶴浜の著作から引用していく。

ハロルド坂田

昭和二十五年関脇を最後に大相撲を廃業し、第二の人生を踏み出した翌昭和二十六年十月、銀座裏のキャバレーで来日中の日系プロ・レスラー、ハロルド・坂田と出会ったのが輝やかしい運命の発端だった。
あり余るエネルギーと満たされぬヒロイックな覇気をもて余していた彼〔力道山〕が、強そうな逞しいあの野郎は俺のいい喧嘩相手だ、と目をつけたのが、そこに来あわせ派手にふるまっていた坂田だったから目が高い。

（田鶴浜『プロレス血風録』）

力士をやめてからの力道山は、新田建設(株)社長だった故新田新作氏にひろわれ、進駐軍立川基地建設工事の資材部長として基地で働いていた。そこでGIたちがやっていたのがレスリングなのだ。

ある晩、日頃から仲のいい立川基地の友人ボハネキ(米人)と銀座のキャバレーに飲みに行った時のこと。そこに、やけに派手で、目ざわりなヤツがいた。

〔中略〕その男こそ、来日中の有名プロレスラー、ハロルド坂田だったのである。

（田鶴浜『プロレス面白ゼミナール』）

一九〇五(明治三十八)年八月生まれの田鶴浜弘は、日本のプロレス・ジャーナリズムの開祖といっていい人物で、レスリング、プロレスとのかかわりは力道山の出現よりもはるかに古い。二七(昭和二)年、早稲田大学在学中から『報知新聞』のスポーツ記者として活動。アメリカのプロレスに興味をもったのはこのころだった。

戦前の一九三二年には、同じ早大卒の八田一朗の大日本アマチュアレスリング協会設立に参画し、三七年に同協会とオリンピック東京大会組織委員会――第二次世界大戦のため中止となった四〇年の〝まぼろしの五輪〟――から欧米に派遣された。翌三八年、半年間の外遊中にハワイ、サンフランシスコ、ニューヨークなどでプロレスを現地取材して帰国。三九年、三十四歳のときにスポーツ記者をやめて満州に渡り、そこで四十歳の夏に終戦を迎えた。

田鶴浜は、満州での捕虜生活後、一九四六年に〝内地〟日本に戻ったのちにスポーツ記者活動を再開。五一年十月に力道山のプロレスの師匠となるボビー・ブランズと新聞紙上で対談したことから、五四年二月、力道山&木村政彦対シャープ兄弟の初のテレビ中継(日本テレビ)の解説者をつとめ、同年十二月、日本初のプロレス専門誌『月刊ファイト』を創刊した。

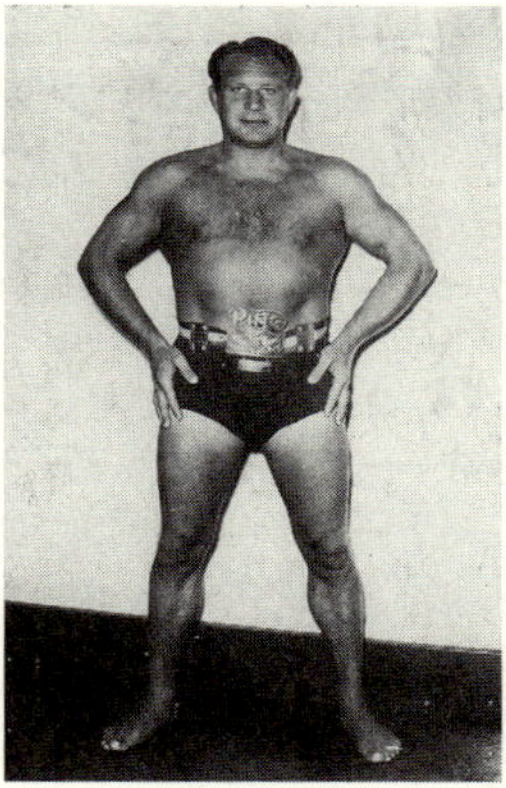
ボビー・ブランズ

力道山のプロレス入りのきっかけを「ハロルド坂田との偶然の出会い」とする映画のワンシーンのようなエピソードを最初に活字にし、定説化したのは田鶴浜だった――前記の二作品以外のいくつかの著作でも同様のストーリーを紹介している

――とみていい。

演出された"出逢い"のエピソード

明治生まれの田鶴浜弘よりもやや若い、一九二三（大正十二）年生まれの鈴木庄一――終戦時は二十二歳――は、法政大学在学中はボクシング部主将をつとめ、同大学を卒業後、日刊スポーツ新聞社に入社。五一年九月、ボビー・ブランズ一行のGHQ慰問興行のパンフレットの制作・編集にかかわったことからプロレスライターの道を歩むこととなった。田鶴浜と同様、鈴木も力道山とハロルド坂田の出逢いについて記している。

戦後六年。敗戦国・日本はまだ荒廃していた。この興行（ボビー・ブランズ一行のGHQ慰問興行）の準備本部は東京・飯倉のシュライナース・クラブ（旧海軍水交社）に置かれた。そこには一般日本人の出入りは出来ないが、私は大手を振って出入りを許され、ひどい食糧難の時代ではあったが、レスラーと同じステーキを食べ、バーボンウイスキーを飲んだ。治外法権のそこに行くことは、他のだれもにも《原文ママ》出来ない私の楽しみだった。〔中略〕

九月三十日のメモリアルホールは閑散としていた。千人そこそこの入りではなかったか。ほとんど進駐軍将兵と、その家族だった。宣伝がいきとどいてなかったことにもよろうが、初ものに日本人の観客はマバラだった。のちにプロレスに飛び入りする力道山がリングサイドの前列で見ていた。

〔中略〕そして銀座のナイトクラブ・花馬車《原文ママ》でケンカ寸前までになって知り合った坂田の手引きで、力道山がシュライナース・クラブのトレーニング場に姿を見せる。

（鈴木「秘蔵パンフレットから見た日本プロレス史」）

鈴木はこの記事のなかで鈴木自身のプロレスとのかかわりについて述懐し、力道山とハロルド坂田の遭遇については「ケンカ寸前までになって知り合った」としている。力道山と坂田が酒場で顔を合わせたことは、おそらく事実なのだろう。鈴木の記述は、田鶴浜弘のそれと比較するとそのトーンはかなり抑えられている。鈴木とは対照的に、鈴木よりも若い櫻井康雄はこのワンシーンをもっと大胆に映像的、劇画的なタッチで描いている。

櫻井康雄は一九三六（昭和十一）年、東京生まれ。法政大学卒業後、六一年、東京スポーツ新聞社に入社。のちに同社取締役編集局長となった。七〇年代、八〇年代の昭和後期のプロレスファンにとっては、〝金曜夜八時〟の新日本プロレスの中継番組『ワールドプロレスリング』（テレビ朝日）の解説者としてのイメージが強い。

昭和26年（1951年）の9月下旬である。力道山は友人のアメリカ軍軍属ミスター・ボー（J・ボハネキ）と連れ立って田村町（現在の港区西新橋）のキャバレー『銀馬車』へ飲みに行った。相撲へのカムバック断念の直後（後に筆者が力道山に聞いたところでは9月30日）である。〔中略〕向かい側の席にいた物凄く体格のいい二世風の男が力道山をじっと見つめていた。力道山が大声でボーイを呼び怒鳴りつけるとその二世風の男が、連れのアメリカ人に何か言った。その言葉の中に「クレージー」という言葉があった。力道山が立ち上がった。「ファック ユー」と力道山がその男に向かって怒鳴ると男はニヤリと笑って立ち上がった。薄いシャツの下の大胸筋が恐ろしいほどに盛り上がり、二の腕はまるで〝ポパイ〟だった。力道山は血相を変えた。〔中略〕男はハワイ出身の日系二世で「プロフェッショナルレスラーのハロルド・サカタ」と名乗った。

「ワッツ…プロ…レス」（プロレスって何だ）と力道山がボーに聞くと、その男は「アメリカのスモー、ネ」とたどたどしい日本語で答えた。〝こいつはアメリカの相撲取りか。それにしても凄え体をしている〟と力道山は思った。〔中略〕

合流して酒を飲みはじめると坂田と力道山は打ち解けた。

「ユーは見事な肉体をしている。プロレスラーになったら金が儲る肉体だ。あした我々の練習を見にこい。水交社へ遊びにこい」と坂田は力道山に言った。

〝面白え行ってみるか〟。翌日(10月1日)力道山はミスター・ボーと一緒に現在の東京タワーの下にあった芝の水交社に出かけていった。そこで力道山は六人の大男達と出会う。力道山の生涯の運命を決める「プロレス」との劇的な出合いだった。

(原『激録 力道山 第一巻』)

ここで著者名としてクレジットされている「原康史」は櫻井のペンネームで、『激録 力道山』は東京スポーツ新聞に連載された同名の実録読み物を原作として一九九四(平成六)年から九六年にかけて出版された全五巻の長編ノンフィクションである。

各巻とも時代ごとの力道山の試合写真、プライベート写真が多数収められ、第一巻から第五巻の各巻巻末には、生誕から死去までをこまかく列記した「力道山年表」が載っているため、現在はこの〝櫻井史観〟が力道山研究の資料として用いられることが多い。著者プロフィールには「本名櫻井康雄。昭和36年東京スポーツ新聞社入社。昭和38年までプロレス担当記者として〝力道山番〟を務める」とある。

明治生まれの田鶴浜、大正生まれの鈴木よりさらに若い一九三六年十二月生まれの櫻井は、戦中派といえば戦中派ではあるが、終戦時はまだ八歳で、力道山がハロルド坂田と遭遇したとされる五一年〝九月下旬〟は十四歳。力道山番だったとされる六一年から六三年は、スーパースター力道山の最後の三年間にあたり、新人記者時代の櫻井――年齢では二十四歳から二十六歳にかけて――が実際に力道山とどれくらい近い距離にいたのかはわからない。

ブランズ興行初日を観戦していた力道山

田鶴浜弘、鈴木庄一、櫻井康雄は、いずれも力道山とハロルド坂田の運命的な出逢いのシーンには立ち会ってはいないが、三人の著名なプロレスライターのなかでいちばん若い櫻井が――それが東スポのスタイルといってしまえばそれまでのことではあるけれど――その運命の場面をいちばん具体的に描写している点はそれ自体が漫画的でおもしろい。

櫻井の『激録 力道山』はあくまでも〝実録読み物〟だから、登場人物たちがカギカッコ付きのコメントで語り合う会話シーン、場面ごとの情景、そして、史実の解釈とそのストーリー展開は、櫻井がかなり自由な発想でノベライズしているととらえるべきだろう。

力道山とハロルド坂田の偶然の遭遇のタイミングについては、田鶴浜は「昭和二十五年関脇を最後に大相撲を廃業し、第二の人生を踏み出した翌昭和二十六年十月」とし、櫻井は「昭和26年(1951年)の9月下旬である」「相撲へのカムバック断念の直後(後に筆者が力道山に聞いたところでは9月30日)である」としている。

一九五一年九月三十日は、ボビー・ブランズ一行による進駐軍慰問興行の初日が両国のメモリアル・ホールで開催された日だから、櫻井の記述をベースにするならば、ハロルド坂田はこの興行が終了したあと、同夜、銀座あるいは新橋の酒場に出向いていったことになる。

鈴木の記事には「九月三十日のメモリアルホールは閑散としていた」「のちにプロレスに飛び入りする力道山がリングサイドの前列で見ていた」とあり、プロ野球・読売ジャイアンツの藤本英雄投手と並んでリングサイド席に陣どる力道山の〝証拠写真〟が当時のスポーツ新聞にも掲載されたという(**図2-1**)。つまり、ハロルド坂田と偶然に遭遇するまでもなく、力道山は進駐軍慰問興行の初日に姿を見せ、初もののプロレスを観戦していたのである。

図 2-1　進駐軍慰問興行(1951 年 9 月)を観戦する力道山の写真(出所:『プロレス&ボクシング』1970 年 12 月号/鈴木『鈴木庄一の日本プロレス史 上』)

〝定説〟と『毎日新聞』記事との矛盾

力道山とプロレスとの最初の接点はほんとうに〝その日〟だったのだろうか。

力道山はほんとうにたった一夜にしてプロレスという未知のスポーツへの転身、転向を決意したのだろうか。一九五一年七月二十一日付の『毎日新聞』社会面にはこんな記事が載っている(**図2-2**)。

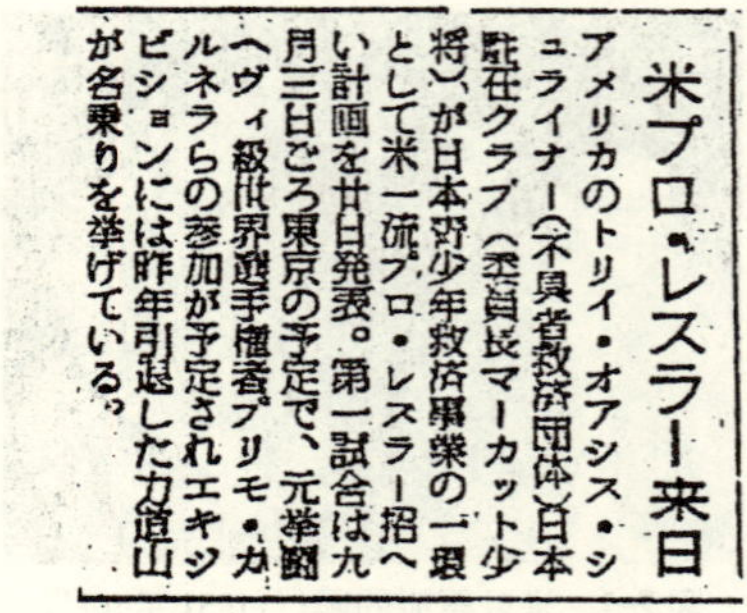
米プロ・レスラー来日
アメリカのトリイ・オアシス・シュライナー(不具者救済団体)日本駐在クラブ（委員長マーカット少将）が日本青少年救済事業の一環として米一流プロ・レスラー招へい計画を廿日発表。第一試合は九月三日ごろ東京の予定で、元拳闘ヘヴィ級世界選手権者プリモ・カルネラらの参加が予定されエキジビションには昨年引退した力道山が名乗りを挙げている。

図 2-2 『毎日新聞』1951 年 7 月 21 日付の記事

米プロ・レスラー来日

アメリカのトリイ・オアシス・シュライナー（不具者《原文ママ》救済団体）日本駐在クラブ（委員長マーカット少将）が日本青少年救済事業の一環として米一流プロ・レスラー招へい計画を二十日発表。第一試合は九月三日ごろ東京の予定で、元拳闘ヘヴィ級世界選手権者プリモ・カルネラらの参加が予定されエキジビションには昨年引退した力道山が名乗りを挙げている。

（『毎日新聞』一九五一年七月二十一日付）

この記事によれば、アメリカから一流プロレスラーを招いてのチャリティー興行の開催計画が七月二十日に発表され、「エキジビションには昨年引退した力道山が名乗りを挙げている」とある。この時点では力道山は引退した元大相撲力士で、プロレスラーではないため、あえてエキシビションという表現が用いられ、「名乗りを挙げている」という部分は力道山自身が参加を表明していることを示唆するニュアンスになっている。

ここから読みとれることは、ボビー・ブランズ一行が来日する五一年九月下旬よりも少なくとも二カ月以上前、この新聞報道よりももっと前に、力道山とチャリティー興行の主催者側との間でなんらかの接触があり、力道山にプロレス転向をすすめた人物がいたということである。

だれが力道山をプロレスに勧誘したのか

それでは、相撲をやめていわば〝浪人中〟だった力道山にプロレス転向をすすめた人物とはいったいだれだったのだろうか。ボクシング評論家として著名な郡司信夫の一九五四(昭和二十九)年の著作『力道山・遠藤幸吉』にはこういう記述がある。

　昭和二十六年十一月《原文ママ》。／トリイ・オアシス・シュライナー・クラブという団体が、在日米軍や、朝鮮の国連軍を慰問するために、ブラウンボンバー(褐色の爆撃機)といわれる、前世界ヘヴイ級チャンピオンや、プロ・レスリングのチャンピオン、バビー・ブラウンズ《原文ママ》を招いたのである。

　このときは、ハワイの二世が一行のなかに含まれていたが日本人選手はひとりもいなかった。／そこで、トリイ・オアシス・シュライナー・クラブの在日支部員のフランク・スコリネス《原文ママ》というアメリカ人は、角力をやめたばかりの、身長六尺、三十貫という巨人、力道山に目をつけて、プロ・レスリング入りをかんゆうすることになった。

スコリネスは力道山に、

「プロ・レスリングはいまや世界中にひろまって、ますます盛んになるばかりです――」

と、熱心にかたりつづけたのである。

「〔中略〕見るものをハラハラさせるスリルもあり、ファンに、腹をかかえて笑わせるユーモアもあります。ボクシングとちがって、毎日毎日試合をすることもできます。したがって、お金もたくさんとれます。いまに、日本でも、角力より、野球より、そして、ボクシングよりもさかんなスポーツになるでしょう。ワタクシ、それ、ほしょうします」〔中略〕

スコリネスは、せめたてるようにきいた。

「あなた、角力すきでしょう。プロ・レスリング、角力とおなじです。そしてもっともっと、世界的に人気あります。いかがです。リキドサン」〔中略〕

力道山は〔中略〕心のなかでは、だんだんと、スコリネスの言葉にうごかされていった。／「スモウとおなじ――」／というのも、みりょくだった。／「お金になる――」／これもみりょくだった。／プロ・レスラーになって、大金が入ったら、病気をした時の不義理も、みんなきれいにすることができる、――力道山にも決心がつきかけてきた。

「それに、リキドサン！　アメリカやその他の国々もまわれます。角力より、ゆかいではありませんか」
だんだんと、スコリネスのとりこになっていくのを力道山は感じてきた。
（郡司信夫『力道山・遠藤幸吉』）

ここで力道山にプロレス入りを勧誘している「スコリネス」とは、GHQ司法局のフランク・スコリーノス弁護士（文献によっては検事、判事と表記）のことで、ボビー・ブランズ一行の進駐軍慰問興行の中心的な立場にあったとされる人物だ。郡司は力道山とスコリーノスの会話シーンをくわしく描いているが、郡司自身がその場に同席していたわけではないだろう。つまり、このストーリーもまた郡司によってノベライズされているということだ。

スコリーノスは、力道山への働きかけとは別に、元横綱・前田山を団長としたアメリカでの大相撲披露ツアーをコーディネートし、幕内の大ノ海（のちの花籠親方）と八方山《やかたやま》、十両の藤田山の三力士が一九五一年七月から翌五二年一月までの約半年間、ハワイ、アメリカ本土のカリフォルニア、イリノイ、ニュージャージー、ペンシルベニア、マサチューセッツの各州を巡業。このとき、大ノ海と藤田山はまわしをトランクスにはき替えてプロレスの試合にも出場した。

このスコリーノスが、日本の相撲とアメリカのプロレスを〝接着〟した何人かのキーパーソンのうちのひとりであったことはまちがいない。スコリーノスの名は、郡司の著作のほかにもこの時代の書籍、活字媒体に散見できる。田鶴浜らによる〝定説〟づくりがなされる以前の一九五〇年代当時の書籍、雑誌記事から引用していく。

力道山は百田光浩として再生しようとした。／一実業家として再起しようと努力した。／しかし、淋しかった。／嫌やで捨てた土俵ではない。／相撲には未練があったし、自信もあった。／世間の噂さとは逆に、肺ジストマは全快していた。／生来の秀れた体力、腕力を、十二《原文ママ》年間も鍛えに鍛え上げた、完全な肉体が此処にあるのだ。〔中略〕
そうして一年が経った。／二十五年秋に力士を廃業して、その翌年の二十六年の秋、在日のシュライナー・クラブという宗教団体の招きで、前世界重量級拳斗選手権保持者「褐色の爆撃機」ジョー・ルイスと共に、米国一流のプロ・レスラーが来日することになった。
「プロ・レスラーを日本選手と対戦させたい」
それを耳にした力道山の血は躍った。〔中略〕
新田氏も賛成してくれた。
それに、力士時代、ひいきにしてくれていた元極東裁判検事フランクス・スマ《原文ママ》リネス氏や、GHQ法務局のフランク・スユ《原文ママ》ーノ氏も極力、力道山のプロ・レスラーとの対戦をすすめた。
フランク・スユーノ氏は、前田山、藤田山達の渡米をあっせんした有名な角力ファンだったのである。

（三橋『プロ・レスラー　力道山物語』）

力士をやめた力道山は明治座社長の新田新作さんのお世話で仕事をしていたが、その力道山に「プロ・レスラーにならぬか」とすすめた人がある。それはスコリネス《原文ママ》というアメリカ人だった。

「あなたのように立派な体を持った人なら必ず強いレスラーになれる」

（和田「力道山物語」）

郡司信夫の『力道山・遠藤幸吉』と三橋一夫の『力道山物語』はどちらも最初のプロレス・ブームが起きた一九五四年に出版された子ども向けの力道山の伝記本で、雑誌『サングラフ』一九五六年一月号（発行は前年の十二月と思われる）付録に掲載された和田昭三による特集記事もきわめて初期の力道山の伝記ストーリーだ。いずれも力道山にプロレスラーになることを熱心にすすめた人物が「スコリネス」「スマリネス」であったと記している。郡司、三橋の著作にはその取材源は明らかにされてはいないが、五四年から五六年あたりまでの日本の活字メディアでは、力道山をプロレスに勧誘したのはＧＨＱ関係者のフランク・スコリーノスという人物だったとのコンセンサスはあったのだろう。

ヒーロー物語から消された(?)GHQの影

郡司信夫、三橋一夫、和田昭三のストーリーにはフランク・スコリーノスは出てくるが、ハロルド坂田は出てこない。一方、田鶴浜弘のストーリーにはハロルド坂田は出てくるが、スコリーノスはいちども出てこない。力道山が新田建設の資材部長として進駐軍関係の仕事をしていた一九五一年当時のエピソードとしては、ハロルド坂田との酒場での偶然の出逢いよりも、GHQ司法局の弁護士で大の相撲ファンだったというフランク・スコリーノスによる勧誘のほうが現実味がある。

日本のプロレス評論家〝第一号〟で、ボビー・ブランズ一行の進駐軍慰問興行の詳細をよく知る立場にあった田鶴浜がフランク・スコリーノスの存在をまったく知らなかったとは考えにくい。これはあくまでも推論ではあるが、田鶴浜は、プロレスラー力道山誕生のプロローグにハロルド坂田との偶然の遭遇という武勇伝的なストーリーを〝挿入〟することで、戦後ニッポンの新しいヒーローの物語からGHQの関与——つまり戦争の気配——を意図的に消し去ったのではないだろうか。田鶴浜の初期の著作にはこんな記述がある。

戦争というものはスポーツの敵である。

戦争とスポーツは両立しない。

〔中略〕スポーツは人間の闘争本能を中和させる作用を持っていると思う。

突飛な引例だが、仮に世界中の人間が、全部スポーツ選手だったら戦争等は決して起りはすまい、おそらく闘争の情熱を皆スポーツで燃やしつくし、汗と一緒に洗い流してしまうであろう。〔中略〕

スポーツは世界人類の闘争本能に対して、一つの安全べんではなかろうか。

スポーツは平和においても繁栄するし、スポーツマンは平和時代においてこそ幸福ではある。

（田鶴浜『世界の選手たち』）

プロレス・ジャーナリズムの開祖であり、戦争経験をもつスポーツライターの田鶴浜にとって、「力道山」は終戦―復興―平和の時代の象徴でなくてはならなかった。そして、それは戦後を生きた日本人の多くに共通したひとつの願望でもあったのだろう。

「力道山」という巨大なパズルは、このようにフィクションのような事実の断片の数かずと、事実のようなフィクションの断片の数かずがつねに混在しつつ、ときとしてどちらが事実でどちらがフィクションなのか判然としないまま、無数のピースが複雑に組み合わさり、ひとつのイメージを形づくっているのである。

アメリカのプロレス界の日本市場調査

力道山のプロレスの師匠となるボビー・ブランズを団長とするアメリカのプロレスラー一行が来日したのは一九五一年九月十六日。サンフランシスコ平和条約の締結により日本国の主権が承認され、国際法上、日本と連合国の戦争が正式に終結したのが同年九月八日だった。つまり、戦後の歴史的な分岐点からわずか八日後にプロレス――アメリカのスポーツ・エンターテインメント――は日本に〝移植〟されたことになる。

ブランズ一行を招聘《しょうへい》したのはGHQのウィリアム・マーカット少将を会長とする慈善団体トリイ・オアシス・シュライナース・クラブ・オブ・ジャパンで、これを仲介したのはGHQ司法局のフランク・スコリーノス弁護士。進駐軍慰問と日本国内の戦災遺児・身体障害児救済のための基金募集を目的としたチャリティー興行だったが、もうひとつのアジェンダはどうやらプロレスの日本市場調査、新しいマーケットの開拓にあった。

来日メンバーはボビー・ブランズ、アンドレ・アドレー、オビラ・アセリン、ケーシー・バーガー(当時のカナ表記はベーカー)、ドクター・レーン・ホール、ハロルド坂田、ジノ・バグノンの七選手。九月三十日から十二月十二日まで東京、横浜、横須賀、仙台、大阪を巡業し、最終週に横浜と東京に戻ってくる二カ月半の日程が組まれた全十三興行で、ツアー後半の十一月十八日の後楽園スタヂアム大会からプロボクシング元世界ヘビー級王者ジョー・ルイス（米軍のアマチュア・ボクサーを相手とするエキシビション・マッチに出場）が合流した。

旧両国国技館を改修したメモリアル・ホールで開催された九月三十日のツアー初日のカードは、ブランズ対アセリン（三十分時間切れ引き分け）、坂田対バーガー（三本勝負＝二―一で坂田が勝利）、アドレー対ホール（三本勝負＝一―一のあと三本めノーコンテスト）の三試合。メインイベントのアドレーとホールのシングルマッチでは、三本めの途中でスーツ姿のバグノンが〝乱入〟して試合をぶち壊すという、のちのちのプロレスの日常の風景の予告編のような乱闘シーンが用意されていた。この日の観客は米軍関係者とその家族がほとんどで、日本人の一般客の数は少なく、館内は閑散としていた。

1951年9月に来日した外国人レスラーたち．左からハロルド坂田，アンドレ・アドレー，オビラ・アセリン，ドクター・レーン・ホール，ボビー・ブランズ，ケーシー・バーガー

前出のプロレスライターの鈴木庄一は著書にこうつづっている。

ブランズはその不入りに頭をかかえた。〔中略〕ブランズは私に「日本人にはプロレスラーになるのにすばらしい素質をもった者がいる。それは、日本の国技の相撲、柔道といった格闘技の経験者がいるからだ。私は日本人をスカウトしてプロレスラーにしたい。そして、きっと世界チャンピオンを作ってみせる」といった。このブランズのプロモーターとしての才覚が大相撲出身の力道山とプロ柔道出身の遠藤幸吉を練習に引き込んだ。

（鈴木『鈴木庄一の日本プロレス史 上』）

ブランズ一行のプロレスの練習に参加したいきさつ、ハロルド坂田との出逢いについて、力道山自身は自伝（一九六二年出版、ゴーストライターは鈴木庄一）のなかでこんなふうに語っている。

二十六（一九五一）年の九月の末のことだった。私は米軍の軍属のボハネキという米人と仲よくなり、ボハネキに銀馬車に連れていかれた。〔中略〕

その私の目に、一人の大きな男…日本人じゃなくて二世と見られるたくましい男の姿がはいった。ボーと「あいつをのばしちゃおうか」とよからぬたくらみをめぐらした。ところがその男が立ち上がって、こっちのテーブルに歩いてきた。「ケンカを売りにきたか…」本能的に私はコブシをにぎって身構えた。

その男の口から、

「ユーはレスラーか。大きな身体だな。強そうじゃないか」

というたどたどしい日本語が出た。〔中略〕

〔英語で会話した〕ボーの話によると「この男はハロルド坂田という日系米人のプロ・レスラーで、お前のようにでかい日本人には、はじめてお目にかかった。もと相撲取りということだが、いまは土方をしているそうじゃないか。それならプロ・レスラーになれ。プロ・レスラーは金のかせげる商売だ」というのだ。

私はたいして興味はなかったが坂田と名乗るこの男が〝おれたちの練習をしているところにきてみろ。そして練習をやってみろ〟というので「なにをなまいきなことをいいやがる。殺し合いならこっちが上だ」と、坂田が指定するシュライナース・クラブ〔旧水交社〕に出かけることを約束した。これがプロ・レスラーになるきっかけになろうとは思いもよらなかった。

〔力道山『空手チョップ世界を行く』〕

プロレスラーとして〝仮デビュー〟

力道山がプロレスラーとしてデビューしたのは一九五一年十月二十八日、東京・両国のメモリアル・ホールのリングだった。準備に要した時間については「たった一週間足らず」「わずか十二日間のトレーニング」「練習をはじめてから三週間ぐらい」と文献によってその日数は微妙に異なっているが、いずれにしても一カ月に満たないトレーニング期間で力道山はプロレスラーに変身し、まわしをショートタイツにチェンジし、エキシビション・マッチではあったが師匠のボビー・ブランズを相手に制限時間十分間を闘いきった。

一九一四年七月、イリノイ州シカゴ生まれのブランズは、このときキャリア二十年、三十七歳のベテラン。身長六フィート二インチ(約百八十八センチ)、体重二百二十五ポンド(約百キロ)とこの時代のレスラーとしては大型で、戦中の一九四〇年から戦後の四八年にかけてMWA(ミッドウエスト・レスリング・アソシエーション=カンザス)が認定する世界ヘビー級王座を通算三回獲得した超一流の実力者。のちに〝世界最高峰〟と位置づけられる、四八年七月発足のNWA(ナショナル・レスリング・アライアンス)の系譜には登場しない元世界チャンピオンだった。田鶴浜弘と鈴木庄一は、この試合をライブで観戦し、そのときのことをそれぞれのスタイルと解釈で活字に残している。

ブランズとの試合だが、筆者はハッキリ覚えている。

力道山は先手をとって、相撲の張り手でしゃにむに突っ張って出た。

センダンは双葉より――で、後年の〝カラ手チョップ〟の素地を見せたが、決め手にはならない。

余裕たっぷりのブランズは、存分に攻めさせておいて、彼の碧眼《へきがん》がキラッと輝いた一瞬、グルリとゴー・ビハインドすると、バックをとってグラウンド・レスリングに持ち込んだ。たちまち得意のアーム・ロックで張り手の利き腕を締めあげた。

10分のタイム・アップ間際が印象的だった。

ブランズの痛烈きわまる〝股裂き〟で力道山は、まさにギブ・アップしかないというナロー・エスケープの苦戦だが、これを耐え切ってゴングに救われた。

大豪ブランズと引き分けである――（中略）。

筆者は、あるスポーツ新聞社の企画で、力道山が初マットに、予想外の善戦をしたその翌日、ボビー・ブランズ相手に築地の料亭『治作』で〝紅毛碧眼の横綱と語る〟という対談をした。

「私も世界中を転戦している間に、ずい分各国のローカル・レスリングの連中に手ほどきをしたが、たった一週間足らずで私にあれほど善戦した男は初めて。ことによると、未来の世界チャンピオンの大器をスカウトしたのかもしれない。力道山に巡りあったのは、今度の来日で思いもかけない最大な収穫だとよろこんでいる」（田鶴浜『格闘技スーパー・スター』）

十月二十八日の東京で三度目のメモリアルホールの興行に力道山がデビューする。相手はブランズで10分一本勝負。リングアナウンサーのモーリス・リプトンは英語で二人を紹介した。力道山はドテラのような着物風のガウンで登場した(のちに聞いたところでは、やはり丹前だった)。元関脇の力道山も、当時、世界チャンピオンを自称のブランズには赤子のようだった。力道山はのちにトレードマークとなる長い黒タイツもはいていないし、空手チョップもない。力士時代の上突っ張りに張り手、ぶちかましでいくだけ。投げても、足を取っても、腕を取ってもぎこちない。ブランズは力道山をいいようにいなして、10分間を引き分けた。控室に戻った力道山はコンクリートの床の上に大の字にノビた。胸が割れ鐘《原文ママ》ように息付いていたのを、私は見ている。その時のことをのちに力道山に話すと「いやなことを覚えていやがるな。忘れてくれ！」と不機嫌になったのを覚えている。

ともあれブランズは「わずか三週間ほどのトレーニングであれだけやったのだから、見どころはある」と力道山をほめた。

(鈴木「秘蔵パンフレットから見た日本プロレス史」)

この試合は残念ながら映像には残されていない。力道山はその後、十一月十四日の横浜(オビラ・アセリンと時間切れ引き分け)、同十八日の後楽園球場(アセリンと時間切れ引き分け)、同二十日の横須賀(ケーシー・バーガーと時間切れ引き分け)、同二十二日の仙台(ブランズと時間切れ引き分け)、同二十五日の大阪球場(アンドレ・アドレーと時間切れ引き分け)、十二月二日の横浜(ブランズと時間切れ引き分け)、同九日の横浜(ハロルド坂田と時間切れ引き分け)、同十一日の両国(ブランズと時間切れ引き分け)の各大会に出場。

試合はいずれもエキシビション十分一本勝負で、九試合ともすべてタイムアップのドローで完走した。師匠ブランズとは合計四回対戦し、四回とも引き分けた。力道山にとってはプロレスラーとしての〝仮免許〟のようなステージだった。

力道山をプロデュースした男たち

力道山は翌一九五二(昭和二十七)年二月、アメリカ武者修行の旅に出て、一年一カ月後の五三年三月に帰国している。同年七月、日本プロレス協会を設立、十一月には約四カ月間の日程で再びアメリカ遠征に出発し、五四年二月に帰国してシャープ兄弟を招いての「国際大試合」を開催した。この試合をプロローグにプロレス・ブームが起き、力道山は国民的ヒーローの道を歩んでいくことになる。

力道山がある日突然、力道山ひとりの発想と行動力だけでプロレスラーとなり、いきなり戦後のスーパースターになったのかといえば、もちろんそうではない。ブランズとのデビュー戦からシャープ兄弟との「国際大試合」に至るまでの、五二年と五三年の二年間こそがその後の〝力道山神話〟を熟成させるためのきわめて重要な準備期間だった。

そこにはさまざまな方向からさまざまな思惑――偶然と必然と――が絡まり合い、神話づくりの過程にかかわった〝力道山をつくった男たち〟がいた。

〝九州〟の先輩、元小結・九州山

力道山はどうやってアメリカ武者修行の旅に出て、どのようなプロセスで、どんなコネクションをつくって政界・財界・興行界の実力者たちの協力をとりつけて日本プロレス協会を設立し、プロレスというまったく新しいプロスポーツを、これもまったく新しかったテレビというマスメディアの電波に乗せたのだろうか。この疑問を解いていくためのさまざまなヒントのなかに「力道山」の神話化のプロセスを見いだすことができる。

「力道山」という巨大なパズルには、それをどのあたりから組み立てていけばいちばんわかりやすいかという正しい順番や設計図のようなものはない。だから、ひとつひとつのピースをたんねんに拾いあげながら、つながりそうなところからつなぎ合わせていくしかない。

力道山の人脈を相撲社会＝コミュニティーから外側の大きな社会＝ネットワークへと広げた最初のキーパーソンは、どうやら、元大相撲小結の九州山という人物だった。

九州山（本名・大坪義雄）は一九一三（大正二）年十月二十日、福岡県嘉穂郡（現在の嘉麻市）生まれ。三〇（昭和五）年、出羽海部屋に入門。三四年、春場所で新入幕。三八年九月の大阪場所の二日目の取組後、土俵上から応召〔召集令状を受けて軍務につくこと〕。幕内力士の応召第一号として日中戦争に出征し、二年後の四〇年九月に帰還して相撲に復帰したが、四五年七月場所を最後に引退。日本プロレス協会発足時は事務局長。その後はレフェリーとしても活躍し、力道山の死後は七三年三月の崩壊まで日本プロレス興業の役員をつとめた。

力道山とは力士としてのキャリアで十年、年齢でも十歳ほど離れていて、所属部屋が違っていたためそれぞれの現役時代はそれほど親密な関係にはなかったが、引退後に親しくなったのだという。九州山はプロレス専門誌の力道山追悼特集にこんな手記を寄せている。

相撲をやめた私は、郷里の九州に帰り、戦後最初の衆議院の総選挙に、故郷の人たちにすすめられて、立候補する準備をしていた。ところが、選挙委員会に資格申請をしたところ、私は公職追放のパージ〔GHQ覚書に基づく軍国主義指導者、戦争犯罪者、職業軍人、大政翼賛会などの幹部、国家主義団体などの幹部、特定の関係者などが公職に就くことを禁止した占領政策〕にかかっていて、立候補できない、とのことだった。力士時代に、在郷軍人会の分会長をしていたのが、結局はパージにかかった原因だった。〔中略〕

立候補をあきらめた私は、また東京に戻って、渋谷におられた清水行之助《しみずこうのすけ》さん〔大正から昭和にかけての右翼活動家〕の家にやっかいになり、清水さんが重役をしておられた大井競馬場

> の嘱託をやったり、頭山満先生〔一八五五＝安政二年生まれの国家主義者、政治活動家〕の次男《原文ママ》〔正しくは三男〕秀三さんのところに出入りしたりしていた。〔中略〕
>
> 　私がリキさんを良く知るようになったのは、このころのことである。自らマゲを切って角界を引退したリキさんは、新田建設に勤務していた。新田建設の社長新田新作さんは、私とは新田さんが二十代のころからのおつき合いだった。そして私が東富士を新田さんに紹介し、その東富士がリキさんを紹介した、という関係にあったので、自然に、リキさんとのつき合いも深くなっていった。
>
> 〔中略〕部屋こそ違え同じ相撲社会のメシを食った男、しかも同じ九州の先輩後輩ということで、大関を目前にしながら自らマゲを切ったと聞いて、短気な男もあったもんだ、と思ったのだが、つき合ってみると、実にシンの強いいい男だ、とあらためて感心したものだった。
>
> （九州山「力道山追憶(2)　生まれながらの大スター」）

力道山のいちばんの後援者であり理解者が新田新作であったことはまちがいないが、九州山はこの手記のなかで「私とは新田さんが二十代のころからのおつき合い」で「私が東富士を新田さんに紹介し、その東富士がリキさんを紹介した、という関係にあった」ことを明かしている。新田が一九〇四年生まれで、九州山は一三年生まれだから、その年齢差は九歳で、新田が二十代ということは、九州山は十代の若手力士のころから新田と懇意だったことになる。現役時代の九州山がのちの横綱・東富士を新田に紹介し、その東富士が力道山を新田に紹介したというタニマチの輪のような連鎖はたいへん興味ぶかい。おそらく、力道山は東富士を飛び越えて新田と親しくなっていったのだろう。

九州山の手記は、力道山の人物像を知るための大きな手がかりになる。どこか〝任侠〟の香りがする九州山は「同じ九州の先輩後輩ということで」と力道山の出身地を九州とする定説を選択したうえで「大関を目前にしながら自らマゲを切ったと聞いて、短気な男もあったもんだ、と思ったのだが、つき合ってみると、実にシンの強いいい男」とその人柄を評価している。

リキさんの話をしていて一番想い出すのは、リングに上がったときの目だ。怒って、相手に攻撃をかけるときのリキさんの目は、光っていた。生きていた。〔中略〕リキさんにはスキがなかった。目千両というが、たしかにリキさんの目は、千両役者の目だった。

しかし笑ったときのリキさんの目は、反対に、子供でもひきつけるような温い、可愛い目をしていた。生まれながらに、大スターとしての素質をそなえていたのだろう。

〔中略〕プロレス関係者のリキさんへの呼び方は、社長、先生、関取りなど、いろいろある。しかし私が〝先生〟とか〝社長〟とか呼ぶと、リキさんはとてもいやがった。

リキさんは非常に恩義を感ずる男だし、私を先輩として遇し、人前でも私をたててくれるような人だったから、なにかテレ臭かったのだろう。だから私は、人前では「オン大」と呼び、二人きりになったときは〝リキさん〟と呼んでいたものだ。そういった義理人情に厚いところが、リキさんの成功にあずかって力あったのだと思う。（同前）

九州山は、プロレスラー力道山を「相手に攻撃をかけるときのリキさんの目は、光っていた」「目千両というが、たしかにリキさんの目は、千両役者の目だった」とふり返り、プライベートな力道山については「笑ったときのリキさんの目は、反対に、子供でもひきつけるような温い、可愛い目をしていた」「生まれながらに、大スターとしての素質をそなえていた」と結論づけている。力道山と九州山の関係を示すキーワードは「恩義」と「義理人情」。年下の力道山を人前では「オン大」、ふたりだけになったときには「リキさん」と呼んでいたという九州山は、根っからの〝縁の下の力持ち〟タイプだった。

アメリカ武者修行の壮行パーティー

九州山の手記には、力道山のアメリカ武者修行への出発をまえに政界・財界人、文化人・芸能人ら約三百人が集まって催された壮行パーティーに関する記述もある。

プロレス修業に第一回の渡米をする二十七年二月、私たちは目黒の雅叙園《がじょえん》で、リキさんの壮行会を開いた。
後援者として新田さんがおられたので、集まったメンバーは、新田新作、楢橋渡《ならはしわたる》、永田貞雄、松尾国三、荻原祥宏《原文ママ》（萩原）、今里広記《いまざとひろき》、吉本興業の林兄弟、二所ノ関、片男波など、そうそうたるメンバーだった。私はこの壮行会の司会をやったが、シンシンと雪の降る寒い晩で、このときの光景は生涯忘れられないものとなっている。

（九州山「力道山追憶（2）生まれながらの大スター」）

「私たちは目黒の雅叙園で、リキさんの壮行会を開いた」の「私たち」という表現からわかるように、一九五二（昭和二十七）年二月の時点では、九州山はまだ力道山サイドではなく後援者サイドに立っていた。九州山が「そうそうたるメンバー」と記した顔ぶれのプロフィールをごくかんたんに紹介する。
楢橋渡《ならはしわたる》は一九〇二（明治三十五）年生まれの〝怪物弁護士〟、内閣書記官長を経て、のちの岸信介第二次改造内閣の運輸大臣。永田貞雄は〇四（明治三十七）年生まれの浪曲師、興行師、日新プロダクション社長、興行界のドン。松尾國三は一八九九（明治三十二）年生まれの歌舞伎役者、芸能プロモーター、実業家、雅叙園観光社長。萩原祥宏(生年月日不詳)は、黒龍会内田良平門下の右翼活動家で、萩原青年同盟主宰。今里広記は〇八(明治四十一)年生まれの実業家、財界人、経済同友会設立に参画し、のちの日経連(経団連)常任理事。林兄弟の兄・正之助は一八九九年生まれの芸能プロモーター、旧吉本興業元社長、同会長。弟・弘高は〇七年生まれ、芸能プロモーター、吉本興業社長。五二年二月の時点での二所ノ関は元大関・佐賀ノ花で、片男波は元関脇・神風。

元力士(年寄)のふたり以外はいずれも明治生まれの、終戦時は三十代後半から四十代の世代。昭和二十年代、それぞれが社会的・経済的なポジションを確立し、戦後のインフルエンサーとなった実力者たちである。女性がひとりも含まれていないホモソーシャルな社会集団で、ここで共通していることは全員が大の相撲ファンだったということだ。

九州山の手記には登場していないが、この壮行パーティーには前出の大麻唯男(のちに国家公安委員会委員長も務めた)、酒井忠正(元農林大臣、横綱審議委員会初代委員長)、大相撲からは出羽海・協会理事長、横綱の東富士、千代の山らも顔をそろえた。

この「そうそうたるメンバー」とそれぞれにパーソナルな親交があった九州山の人脈もすさまじいが、そんな空間のまんなかで主役としてふるまう力道山は、これもまたホモソーシャルな〝男の色気〟のようなものを発散させていたのだろう。

翌一九五三年七月に正式に発足する日本プロレス協会会長、理事、顧問、相談役といった主要なポストにはこのパーティーに出席したメンバーがほぼそのまま名をつらねることになる。

もうひとつの〝非公式〟な会合

ここで時系列をもういちど整理しておく必要がある。ボビー・ブランズ一行の進駐軍慰問興行が開催されたのは一九五一年九月から十二月にかけてで、力道山がそのブランズとのエキシビション・マッチでプロレスラーとしてデビューしたのは十月二十八日。ブランズ一行ツアーの千秋楽が十二月十一日で、力道山がアメリカに向けて出発したのはそれから一カ月半後の翌五二年二月三日だった。

本場アメリカでの本格的な武者修行は力道山自身の希望であったが、それはアメリカ・サイドからの要請でもあった。渡航のための査証を準備したのはGHQ司法局のフランク・スコリーノス弁護士で、最初の滞在先のハワイでは、力道山とマネジメント契約を結んだブランズと現地プロモーターのアル・キャラシックが待っていた。

目黒・雅叙園で開かれた力道山の壮行パーティー(一九五二年二月一日)の企画立案については、それより数週間前に、のちの後援者たちがプライベートで料亭に集ったもうひとつの〝非公式〟な会合があった。田鶴浜弘がその前後のいきさつを講談調の文体で軽妙につづっている。

角界を去った力道山の後援者ナンバー1は、たしかに新田新作氏だし、後には、プロレスラー力道山に、大きな力となるのだが、少なくとも、プロレス転向を目指した当初、力道山にとって最初の理解者は、新田氏ではなかった。むしろ、日新プロダクション社長の永田貞雄氏のほうが、プロレスラー力道山の後援者としては最初だったと筆者は聞いている。

（田鶴浜『日本プロレス二十年史』）

永田貞雄は、初代天中軒雲月《てんちゅうけんうんげつ》門下の浪曲師だったが、声帯を痛めて引退し、一九二一（大正十）年ごろから興行師に転向し、浪曲興行で成功した。戦前から相撲界と深くかかわり、幕内時代の九州山のタニマチであった関係から、出羽海部屋所属力士の後援者として、当時はまだ新弟子だった千代の山（のちの横綱）をかわいがるようになったのだという。

田鶴浜は「プロレス転向を目指した当初、力道山にとって最初の理解者は、新田氏ではなかった」「永田貞雄氏のほうが、プロレスラー力道山の後援者としては最初だった」と分析し、永田が力道山とのパーソナルな関係を深めていき、力道山のプロレス転向を支援する立場となっていく経緯についてもくわしく記述している。

永田氏と力道山の結びつきが濃くなったのは、力道山が角界を去って新田建設入りしてからで、そのキッカケになったのは昭和26年7月、隅田川の川開き——両国の花火大会の桟敷に、永田氏は新田氏から招待を受け、そこで一年ぶりで力道山と会った。そのとき永田氏は、力道山に祝儀を出すのだが、力道山はこういった。

「もう相撲取りじゃァなくなったアタシにご祝儀じゃァ……」とためらうのを、永田氏は「まあ、いいじゃァないか……取っといて呉れョ……たまには遊びに来ないか」と祝儀を納めさせる。

それから一週間ほどして、力道山は永田氏のところに先日のお礼かたがた遊に行ったのがきっかけで、やがて永田氏の乗用車の運転手をかって出たり、ついには永田氏の懐にとび込むようになるのだ。

乗用車の運転手を買って出た力道山に、朝8時に車を廻わして呉れ——というと、必ず10分前にはやって来る。すべてが、行きとどき、きちょうめんで、常識的で、乱暴者だという世評とは大違いの力道山に、永田氏は、すっかり気に入ってしまう。

ある日、力道山が乗って来た車の中に、バーベルがころがっていたのを見つけて、永田氏が、「こりゃァ何だいッ」と聞いたことから、力道山のプロレス志向が、はっきりわかる。〔中略〕

永田氏は、力道山が、自分にアプローチして来ている肚《はら》の底がよく分った。

「よろしい――俺にまかしておけ、レスラーとやらになれるように、うまく運んでやらうじゃないか」（同前）

力道山の理解者、永田貞雄

田鶴浜のストーリーには、日本における最初の本格的なプロレス興行のプロモーターとなる永田貞雄と力道山の接触と交流から、永田が「すべてが、行きとどき、きちょうめんで、常識的で、乱暴者だという世評とは大違い」の力道山にだんだんと魅了されていき、力道山の当時の〝親分〟だった新田新作に力道山のプロレス転向を説得するシーン、そして、高級料亭「竹仙」で一堂に会した相撲の後援者たちがこれに賛同し、力道山のアメリカ行きの壮行パーティーを企画するまでのエピソードが描かれている。


力道山から男と見込んで頼みの綱にされた永田氏が、男と男の約束を果たす絶好のチャンスは、かれこれ半年後の翌年の正月であった。

昭和27年の大相撲正月場所の千秋楽のあと永田氏は柳橋の料亭〝竹仙〟に、千代山をかこんで、主だったひいきが、正月場所の労をねぎらう席を設ける。

今里広記、矢野範二（日本金属社長）、新田新作、松尾邦三《原文ママ》（國三）、林弘高等の各氏が集った。

そして、力道山の車で、千代山を迎えにやる手配をするのだが、これは、永田氏が事を運ぶためのはからいだ――と力道山には分かっていた。何も知らない千代山だが、迎えの車が、ハイヤーじゃなくて力道山だったから、自分だけ、さっさと上がっちまうはずがない――果たして、千代山は、その読みすじ通り玄関で、こういった。

「力道関の車にのせてもらったンで、力道関と一緒に参りましたと申しあげてくれ」

女中が、それを伝たえると、待ちかまえていた永田氏が、

「千代山の相手にちょうどいい……、力道山も、あがらせようじゃァないか」というと、皆も、同音に「そうだ、力道山も一緒によんだらいい……」ということになる。

（田鶴浜『日本プロレス二十年史』）

おそらく、田鶴浜自身は料亭「竹仙」での宴会には実際には出席していないと思われるが、ここでは永田による長いコメントがこのエピソードのいちばん重要な部分になっている。

一九五二年一月、大相撲正月場所の千秋楽のあと、ごひいきの横綱・千代の山を囲んでの打ち上げの宴を開いた永田は、力道山のプロレス転向プランについて、ほかの後援者たちと意見交換をする機会としてこの会合を選んだ。

「力道山の車で、千代山を迎えにやる手配をするのだが、これは、永田氏が事を運ぶための

はからいだ――と力道山には分かっていた」というくだりには、力道山の願いを察する永田と、永田の仕掛けを察してその思惑どおりに動く力道山の、阿吽《あうん》の連係プレーが描かれている。

このあたりのディテールが田鶴浜の当事者への取材で明らかになったものであるか、それとも田鶴浜による脚色であるかについては議論の余地を残すところではあるが、永田のもくろみどおり、千代の山が「力道関の車にのせてもらったンで、力道関と一緒に参りましたと申しあげてくれ」と女中に伝えるシーンには不思議な臨場感がある。

プロレスという〝西洋相撲〟

この会合におけるいちばん重要なキーワードは〝西洋相撲〟なる単語(または造語)だろう。永田貞雄が実際にそういう発言をしていたのか、それはあくまでも田鶴浜のワーディングであったのかは、いまとなっては確かめるすべはないが、ここで宴会の出席者たち＝大相撲の後援者たちは、〝西洋相撲〟という表現によってプロレスというものを紹介され、どうやらそれを瞬時に理解した。〝西洋相撲〟がプロレスのなんたるかをすべて説明していたのである。

宴たけなわ――一同ご機嫌に酔がまわった頃を見計らって、ころはよしとばかり、永田氏が胸に含む話題を切り出すのだ。

「――ここにいる力道山のことですがネ、皆さんのご意見を聞かせてやってください……力道山も、病気(肺ジストマ)が、なおって見ると、ご存知の通り、立派に相撲のとれる身体なのに相撲には帰れない、力をもて余していながら、世間から忘れられて行くのが、本人にすれば、どんなにか、淋しく口惜しいだらう。そこへ、ちょうどいいあんばいにすすめられてるのが西洋相撲、本人はそのプロレスで、もうひと花咲かせて見たい、本場のハワイで修行したい、と願っているンですが、力道山を世話してくださってる新田さんは、力道山可愛いさの余り、万に一つ失敗させたくないと、手許から離す気になれん有難いお気持がよく分るだけに、プロレスをあきらめ切れない力道山が悩んでいるので、私としては、それを見かねて、おせっかいだが、この機会に皆さんにも、どうしたらいいか、力道山のために考えてやって頂こう――そういうわけです」

すると、アメリカの興行界をよく知っている松尾邦三《原文ママ》氏と、財界人ながらすべての面で国際的な視野と展望のひろい今里広記氏が、即座に、力道山のプロレス進出を大賛成した。

「力道山がプロレスでもうひと花咲かせたいってのは結構なことじゃァないか……。アメリカで大変な人気者になれるかも知れない……」

あとの連中も、「新田さんの心配も分るけど、本人がその気なら、やらして見たらどうだネ」といった。

「皆さんが、そうおっしゃってくださるンなら、ワシだって異存なンかありゃァしねェ」と新田氏も心よく同意する。

「そうなったら、早速、力道山の新らしい門出を祝って激励の歓送会をやってやらぅ」〔中略〕

歓送会には三百人を招ねくことにして、同席した六人が、五十人づつ引き受け、2月3日、羽田空港を鹿島立ちする前の雅叙園での歓送会には、政、財、芸能界などの知名人が予定の三百人を超える顔をそろえ、大変な盛会で力道山を感激させた。（同前）

これが田鶴浜によってドラマタイズされた読み物であったとしても、終戦から七年の東京・浅草橋界隈の高級料亭で、大相撲の横綱とそのタニマチ集団がどんなものを飲み食いし、どんな会話を交わしていたのかを映像的な感覚で想像してみるとたいへんおもしろい。

その日、料亭の座敷に集った戦後のインフルエンサーたちは、それぞれの感覚で西洋相撲＝プロレスに興味をもち、その出現を喜び、おもしろがり、力道山の応援団となったのである。

第3章
「日本のプロレス」の誕生
ヒーローはどのようにつくられたか

シャープ兄弟の弟マイクをコーナーに追いつめ空手チョップで攻める力道山．後方は遠藤幸吉（1956年4月，東京・蔵前国技館　提供：朝日新聞社）

ハワイでの力道山育成プラン

力道山が初のアメリカ武者修行の旅に出発したのは一九五二(昭和二十七)年二月三日。同日、最初の滞在先となるハワイのホノルル国際空港に到着した力道山を待っていたのは、力道山とマネジメント契約を交わしたボビー・ブランズ、プロモーターのアル・キャラシック、専任コーチとなる沖識名《おきしきな》、現地の新聞記者とカメラマン数人だった。ハワイの日系新聞は〝相撲レスラー〟力道山の来訪とそのプロレス転向に関心を寄せていた。

ブランズは当時、ハワイに在住。ハワイのプロモーターのキャラシックは一八九〇年、旧ロシアのベラルーシ生まれともウクライナ生まれともいわれ、そのプロフィールについてはなぞの部分が多いが、一九二二年ごろからオーストラリアでプロレスラーとして活動。カナダ、アメリカ本土でのツアーを経て、三八年ごろ、現役選手のままハワイにやって来て定住。引退後、プロモーターとなった。パブリシティー用の(と思われる)肩書は〝元世界ライトヘビー級王者〟。本名はアレキサンダー・キャラシック。この時代のハワイのプロレス興行のボスだった。

沖識名は一九〇四(明治三十七)年生まれ。沖縄与那原から移民の日系一世、ホノルル生まれの日系二世と資料によってそのプロフィールが異なる。本名は識名盛雄(文献によっては盛男、盛夫)。少年時代に柔道を学び、ハワイ相撲では沖の島の四股名で活躍したとされる。二十世紀初頭に柔術・柔道の指導者としてイギリスに渡り、ヨーロッパとアメリカでプロレスラーとしても活動したタロー・ミヤケ（三宅多留次《みやけたるじ》）にスカウトされ、三〇年にデビュー。現役時代はハワイだけでなく、アメリカ本土、オーストラリアでも活躍した。ブランズ一行の進駐軍慰問ツアーで来日したハロルド坂田は、パワーリフティング代表選手として四八年のロンドン・オリンピックに出場後、沖のコーチを受けてプロレスに転向した。

力道山と沖はこのときが初対面で、ブランズは力道山に沖をハワイ滞在中のアドバイザーとして紹介した。初めてのアメリカでの生活は、力道山にとってはプロレスを学ぶための武者修行だったが、ブランズは〝プロレスラー力道山〟と〝プロモーター力道山〟を同時に育成するプランを立てていた。前年十月の仮デビュー戦のあと、力道山とブランズは「いっしょにプロレスを日本に根づかせよう」と約束を交わしていた。ブランズの立ち位置からすれば、それはアメリカのプロレス界による日本というまったく新しいマーケットの開拓とその持続化、興行ツアーの主役となる日本人レスラーのプロデュースを意味していた。

ハワイでの武者修行＝育成プランは、沖コーチによる肉体改造トレーニングから始まった。相撲取りの体つきをプロレスラーのそれにつくり変えるためのワークアウト・プログラム。午前中はＹＭＣＡのジムで三時間のウエートトレーニング、午後はワイキキの砂浜を走りこむロードワークが日課となった。相撲あがりの力道山にとっては持久力をつけるためのこのロードワークが苦痛だった。力道山は自伝『空手チョップ世界を行く』に「トレーニング時間は日ましにふえた。沖の計画的なトレーニング・コースだったのだろう。／そして腕が太くなり、ももに筋肉がつきダブついていた腹がへこみ、胸がせり上がってくるのが目に見えた。プロ・レスラーのトレーニングがいかに大変なものであるかわかった」とつづっている。

宿泊先は「だるまホテル」というキッチン設備のついた長期滞在型のアパートメント・ホテルだった。このホテルにプロボクシングとプロレスの経験がある日系アメリカ人のハロルド登《と》喜《き》がいて、日常生活のもろもろのことでなにかと世話を焼いてくれ、親しくなった。登喜はこの翌年の一九五三年七月、日本プロレス協会の道場開きにトレーナーとして来日。シャープ兄弟が初来日した五四年二月の全国巡業にも選手とレフェリー兼任で参加し、同年十二月の力道山と木村政彦の日本選手権では特別レフェリーという大役をつとめることになる人物である。

黒のロングタイツがトレードマークに

これもブランズとキャラシックによるプランニングだったのだろう。力道山は沖とのマンツーマンのトレーニングと併行して毎週日曜の定期興行にも出場、ハワイに到着してから二週間後の二月十七日、その第一戦としてホノルルの常打ち会場だったシビック・オーデトリアムでネイティブ・アメリカンのチーフ・リトル・ウルフと対戦した。この試合が力道山のプロレスラーとしての正式なデビュー戦で、その後は同所でラッキー・シモノビッチ、〝ダーティー〟

ディック・レインズ、バド・カーティス、カール・デービス、レッド・スコーピオン(タム・ライス)らメインイベンター・クラスとのシングルマッチが組まれていった。当時はまだ現役としてリングに上がっていた沖とのコンビでタッグマッチに出場することもあった。

デビュー戦がおこなわれた時点で〝RikiDOZAN〟と大きく英文でつづられたリングネームと相撲の化粧まわし姿の等身大の立て看板がシビック・オーデトリアムの正面玄関横にディスプレイされていたから、どうやらハワイの興行会社(とハワイの観客)は日本からやって来た〝相撲レスラー〟力道山をすでにスターとして扱っていた。

それから一カ月半後の四月一日には、前年十月に力道山とともに日本で仮デビューした柔道出身の遠藤幸吉が、アメリカ本土へ武者修行に向かう途中、ハワイに立ち寄って約半年ぶりに力道山と再会した。遠藤は空手の大山倍達《おおやまますたつ》(のちの国際空手道連盟極真会館館長)とともに力道山とは別のルートでアメリカのプロモーターと契約。日系アメリカ人レスラーのグレート東郷とのトリオで〝東郷三兄弟〟を名乗り、遠藤(コウ東郷)は柔道、大山(マス東郷)は空手のデモンストレーションを披露しながらのアメリカ、カナダでの半年間のツアーを予定していた。このときのエピソードは、大山の半生を描いた劇画『空手バカ一代』(梶原一騎原作)に描かれているが、そのストーリーは伝聞をベースとしたかなり大胆なフィクションになっている。

力道山はデビュー当初はショートタイツとリングシューズというシンプルないでたちで試合

をしていたが、このハワイ滞在中にのちにトレードマークとなる黒のロングタイツを着用するようになった。ロングタイツを選んだ理由については諸説がある。沖コーチから二十世紀最初の統一世界ヘビー級王者として一世を風靡した〝近代プロレスの家元〟フランク・ゴッチの話を聞かされ、ゴッチが黒のロングタイツを愛用していたためこのスタイルを継承したとする説、力道山の右大腿部裏のハムストリングに大きな傷(縫合の跡)があり、これを隠すためだったとする説、力道山の脚が太くて短かったのでショートタイツがあまり似合わなかったためとする説などがあるが、真相ははっきりしない。力道山が世界ヘビー級王者〝鉄人〟ルー・テーズの名を初めて耳にしたのもこのころだった。

〝空手チョップ〟の開発

ハワイで四カ月間の集中トレーニングと実戦経験を積み、日本を離れるときに「三十四貫(128キロ)」あった体重を「二十九貫(109キロ)」(力道山『空手チョップ世界を行く』)に絞り込んで肉体改造に成功した力道山は、一九五二年六月十日、第二の滞在先であるカリフォルニア州サンフランシスコへ向けて出発した。この遠征スケジュールはハワイのボスのアル・キャラシックとサンフランシスコのボスのジョー・マルコビッチの連係プレーだった。それはボビー・ブランズ、キャラシック、マルコビッチの三者の構想であるところの西海岸とハワイと日本を結ぶ新しいビジネスモデルの実験で、日本のプロレスのボス――リング上の主役と興行プロモーター――となる力道山はすでにこのルートの上を走っていた。

サンフランシスコのマルコビッチもまた、ハワイのキャラシックと同様、プロレスラーあがりの大プロモーターだった。一八九七年、ニューヨーク州ウィチタ生まれのポーランド移民二世で本名ジョセフ・マルコビッチ。〝家元〟フランク・ゴッチの師匠として知られるファーマー・マーティン・バーンズのコーチを受け、一九一三年にデビュー。第一次世界大戦中は陸軍に入隊し、サウスカロライナのジャクソン基地に駐屯。除隊後リングに復帰し、二六年、〝胴締めの鬼〟ジョー・ステッカーを判定＝試合放棄で下し〝まぼろしの統一世界王者〟になったこともある。三五年、現役として活動をつづけながらサンフランシスコ周辺エリア一帯のプロモーターとなった。

現役レスラー兼プロモーター、マッチメーカーのブランズ。元レスラーでプロモーターのキャラシック。そして、現役のままプロモーター兼業となったマルコビッチ。力道山が出逢ったアメリカのプロレスのボスたちは、いずれも大相撲でいうところの関取と親方の二枚鑑札、あるいは元関取の年寄・親方のような立ち位置で、プロモーターとレスラーたちの関係、興行・巡業の段取り、レスラーたちのライフスタイルも相撲取りのそれとひじょうによく似ていて、プロレスはまさに西洋相撲だった。

毎週日曜夜の定期戦だけがその舞台だったハワイとちがい、プロレス人気の高いサンフランシスコ、ベイエリアと呼ばれるその周辺地区では週六日の日程で試合が組まれていた。ツアー・コースは月曜がサクラメントかヴァレーホ、火曜がサンフランシスコ、水曜がサンノゼかリッチモンドかストックトンのいずれかで、木曜は隔週ペースでモントレーかメアリーズビル、金曜がオークランドかアンティオックかサンタローザのいずれか、土曜はこれも隔週ペースでフレズノかモデストーで、日曜だけがオフ。日曜は教会に行く日だから興行はお休みというアメリカのプロスポーツの当時の慣習を、力道山は現地に着いてから学んだ。本拠地サンフランシスコの毎週火曜夜の定期戦の会場はウインターランド・ボールルームで、世界タイトルマッチなどが開催されるビッグショーになると一万二千人収容のカウ・パレスが使用された。

力道山がのちにその十八番となる空手チョップを愛用するようになったのはこのサンフランシスコ滞在中で、そのいきさつについては、同地でのデビュー戦のアイク・アーキンスとのシングルマッチ(一九五二年六月十一日)で初めて使ったとする説、この年の七月のダニー・プレッチェスとの試合で、ボクサーあがりのプレッチェスの執拗なパンチ攻撃に対抗して苦しまぎれに放った手刀がそのルーツだとする説などがあり、正確なところははっきりしない。

四カ月間のハワイ滞在で二十試合ほどの実戦を経験したものの、サンフランシスコに移動した時点での力道山はまだデビューしたての新人だったが、プロモーターのマルコビッチはルーキーの力道山をあえて〝幕内〟のポジションに起用。メインイベンターとしてリングに立つレスラーにはシグナチャー・ムーブ(代名詞、必殺技)が必要不可欠であることを力道山にレクチャーし、力道山は相撲時代に得意としていた突っ張りと張り手をヒントにプロレス技としての空手チョップを開発した。実際は相撲出身の力道山には空手の経験はなかったが、空手チョップがかもし出す東洋的なムードは、アメリカのオーディエンスがイメージするところのジャパニーズ・レスラーのシグナチャー・ムーブにピッタリだった。

〝悪役ジャップ〟を演じなかった力道山

力道山は一九五二年六月から年をまたいで翌五三年二月第一週までサンフランシスコ地区で長期ツアーをおこなった。八カ月間で約百五十試合を消化し、シングルマッチの経験を積むと同時に――プロレスにあって相撲にはない――タッグマッチを九十数試合こなした。ジョー・マルコビッチの興行会社ビッグ・タイム・レスリングの看板スターは、世界タッグ王者の兄ベン&弟マイクのシャープ兄弟。力道山はマリオ・デサウザ、オンブレ・モンタナ、エンリキ・トーレス、プリモ・カルネラ、ロード・レイトンらメインイベンター・クラスとタッグを組み、パートナーを入れ替えながらシャープ兄弟の世界タッグ王座に挑戦。デニス・クラーリーとのコンビではパシフィック・コースト・タッグ王座を約二カ月間保持した。

グレート東郷(右)はハロルド坂田(左)をトシ東郷に変身させトーゴー・ブラザーズを結成

　力道山がシャープ兄弟とのタイトルマッチでタッグを組んだ元カリフォルニア版・世界ヘビー級王者トーレス、元プロボクシング世界ヘビー級王者からプロレスに転向したカルネラのふたりはベイエリアのスーパースターだった。それはプロモーターのマルコビッチのプロデュースによるものではあったが、このクラスのスターとのコンビで〝結びの一番〟のリングに立つ力道山にはすでにメインイベンターの〝番付〟が与えられていた。この時点でまだキャリア一年足らずのルーキーの力道山にプロレスのなんたるか、スーパースターのなんたるかを開眼させたのは、タッグマッチという共同作業におけるアメリカ人レスラーたちとの体と心のコミュニケーションだったのだろう。

　力道山と、力道山と同世代の日系アメリカ人レスラー群との根本的なちがいは、そのキャラクター設定にあった。グレート東郷(本名ジョージ・カズオ・オカムラ)、ミスター・モト(マサル・チャーリー・イワモト)、デューク・ケオムカ(マーティン・ヒサオ・タナカ)、キンジ・シブヤ(ロバート・キンジ・シブヤ)、ミツ・アラカワ(マック・ミツカズ・アラカワ)ら当時、全米各地で活躍していた〝ジャップ・レスラー〟はいずれも典型的なヒール=悪役。髪形は旧日本軍をイメージさせる丸刈りか角刈りで、着物やハッピのガウンを身にまとい、下駄や草履でリングに登場してきて、試合前のセレモニーとして相撲式の四股を踏み、リング上に塩をまいた。リングシューズは履かず、素足で闘い、パールハーバー（真珠湾）と呼ばれる奇襲攻撃を得意として、レフェリーに反則を注意されると卑屈な笑みを浮かべてペコリとお辞儀をしたり、相手の攻撃からは逃げまわったりする。試合は殴る、蹴る、地獄突き、チョーク（首を絞める）、下駄攻撃など反則のオンパレード。こういったステレオタイプの反復は、アメリカのプロモーターがジャパニーズ・レスラーに求めていたイメージだった。

キンジ・シブヤ（前）とミスター・モト

ところが、力道山はこういった〝憎まれ役〟〝やられ役〟のジャップをいちども演じることなく、ハワイでもサンフランシスコでもベビーフェース＝正統派のポジションでプロレスを学習した。それは力道山自身が希望するところでもあったが、そういう舞台を提供したのはボビー・ブランズ、アル・キャラシック、ジョー・マルコビッチであり、戦後の日本というまったく新しい市場でのまったく新しいヒーローの誕生を想定した、この三者が共有するビジョンがあった。終戦からまだ十年に満たない時代にこの試みを可能にしていたのは、アメリカ国内ではハワイとカリフォルニアに日系アメリカ人の人口が集中していたことと関係している。

丸一年を迎えたアメリカ武者修行の旅

力道山のアメリカ武者修行の旅は丸一年を迎えようとしていた。その間、力道山は後援者の新田新作、興行の責任者となってもらう永田貞雄のふたりにこまめに手紙を書き、近況を報告した。力道山の自伝にはこんな記述がある。

二十八〔一九五三〕年の正月をロサンゼルスで一人で迎えた。日系人の経営する日本料理屋で、たった一人でトソを祝った。なんともいえない気分だったが、それでも私には希望があった。

それはプロ・レスリングに対してある程度の自信を得たことと、私はもしかしたらこの格闘技は日本でもうけるかもしれないと、ひそかに考えはじめていたからである。

偶然のことで私は、ちょうどロサンゼルスにきた伊集院浩さん(毎日新聞運動部記者)と会った。〔中略〕この伊集院さんとは力士時代からの知己でプロ・レスリングを見た伊集院さんは、私のプロ・レスラー転向を喜び大いに勇気づけてくれた。そして帰国したら日本にプロ・レスリングを普及することに努力しようといってくれた。私は頼りになる男と異国で手をにぎり合って幸福だった。そして伊集院さんは、その後の十数年私を蔭になり日なたになってもり立ててくれる。私はこの人には感謝しなくてはならない。

(力道山『空手チョップ世界を行く』)

新田新作、永田貞雄、そして伊集院浩の三人は、いずれも力道山の帰国からいよいよ始まる日本の〝プロレス元年〟の重要な登場人物である。

力道山はサンフランシスコ周辺エリアでのツアー活動を一九五三年二月第一週に終わらせ、中継地点のハワイに向かったが、その直前、二月二日にヴァレーホでフレッド・アトキンス、翌二月三日にサンフランシスコでレオ・ノメリーニとそれぞれシングルマッチで対戦して連敗した。アトキンスはのちに力道山の友人としてジャイアント馬場のアメリカ武者修行時代のホームステイ先となり、ロード・マネジャーをつとめることになる古豪。ノメリーニはフットボールのサンフランシスコ・フォーティナイナーズの花形プレーヤーで、オフシーズンにはプロレスラーとして活躍した〝二刀流〟。この二年後の五五年三月、世界ヘビー級王者ルー・テーズの「七年間不敗」「九百三十六連勝」の伝説にストップをかける、この時代のアメリカのプロスポーツ界を代表するスーパースターだった。

力道山とアトキンス、ノメリーニの接触はここではまだ〝点〟だったが、それはいずれもやがて〝線〟となってつながってくる伏線。この段階でこういった人脈を開拓しつつあった力道山は、すでにプロモーター、プロデューサーとしての発想を持ち合わせていた。

力道山以前の日本のプロレス文化史

力道山が日本で最初のプロレスラーであったかというとそうではない。日本で初めてプロレス興行を開催したプロモーターであったかというとそれもまたちがう。力道山はあくまでも戦後の日本にアメリカ産のスペクテーター(観賞用)・スポーツ〝プロ・レスリング〟を輸入し、それをテレビという新しいメディアと合体させ、日本中に大ブームを巻き起こしたパイオニアであり、自らはそのスーパースターとして一世を風靡し、昭和から平成、平成から令和へとつづいていくこの国のプロレス文化の礎を築いた〝プロレスの父〟である。

日本人レスラー、というよりも〝相撲レスラー〟と外国人レスラーが初めて闘ったのはいまから百七十年ほど前の一八五三(嘉永六)年から五四(嘉永七/安政元)年ごろとされる。アメリカのマシュー・ペリー海軍提督の「黒船来たる」の時代だった。幕末には横浜を舞台に力士対レスラーの〝異種格闘技戦〟のようなものがしばしばおこなわれ、その様子が数かずの錦絵として残されている。日本におけるプロレス文化史のルーツはこのあたりなのだろう。

文献に残されている最古の日本人プロレスラーはソラキチ・マツダ(本名・松田幸次郎)で、一八六二(文久二)年――資料によっては一八五九(安政六)年――生まれ、福井県出身、東京相撲・伊勢ケ浜部屋の序二段の力士。相撲時代の四股名は荒竹寅吉、一八八三(明治十六)年、巡業先の横浜から〝蒸発〟してアメリカへ渡り、相撲スタイルのプロレスラーとして全米をツアー。〝プロレスの始祖〟ウィリアム・マルドゥーン、〝初代・絞め殺し〟イバン・ストラングラー・ルイス、〝カラー・アンド・エルボー(プロレスにおける組み合いの基本動作)の家元〟ヘンリー・モーゼス・ドゥーファー、〝アメリカン・キャッチ・アズ・キャッチ・キャン(現在のフリースタイルの原形となったイギリス起源のフォーク・レスリング)王者〟ジョー・アクトン、〝ヨーロピアン・グレコローマン(現在のグレコローマン・スタイルの原形となったフランス起源の上半身だけで闘うレスリング。フレンチ・レスリング)王者〟カール・エイブス、〝ドイツの世界チャンピオン〟アーネスト・ローバーら十九世紀末のプロレスのパイオニアたちと対戦した。

明治から大正期にかけてアメリカで活躍した日本人レスラーは、日本人として初めて〝世界チャンピオン〟となった元世界ジュニア・ウェルター級王者マティ・マツダ(本名・松田万次郎)。一八七九(明治十二)年、熊本県八代郡文政村(現在の八代市)生まれで、日露戦争が起きた一九〇四(明治三十七)年ごろに行方不明となり、マツダ自身からの家族への手紙でアメリカでプロレスラーになっていたことが判明したのが〇六年。〇五年ごろから約二十五年間、息の長いレスラー生活をつづけたが、二九(昭和四)年八月、試合中の負傷が原因で現役選手のままこの世を去った。

ソラキチ・マツダと同世代で、ヨーロッパとアメリカで活躍したタロー・ミヤケこと三宅多留次も日本人プロレスラーの草分けのひとりだ。一八八一(明治十四)年、岡山生まれで、不遷流柔術、大東流柔術を学び、神戸警察署の柔道教官を経て、一九〇四年、武徳会柔道指導員としてフランスに渡った。その後、ロンドン滞在中に〝インドの王者〟グレート・ガマと対戦したことがきっかけでプロレスと出逢い、一二年ごろアメリカへ転戦。フランク・ゴッチ、ジョー・ステッカー、〝絞め殺し〟エド・ストラングラー・ルイス、〝黄金のギリシャ人〟ジム・ロンドス、ディック・シーキャットら歴代の世界チャンピオンたちと対戦し、三二年までプロレスラーとして活動した。

日本で初めてプロレスの興行がおこなわれたのは一八八七(明治二十)年春、アメリカ帰りの浜田庄吉がプロモーターとなって開催した「欧米大相撲」「西洋角羝《かくてい》」だった。浜田はソラキチ・マツダといっしょにアメリカへ渡った山響《やまひびき》部屋の元力士(序二段)で、現役時代の四股名は戸田川庄五郎。アメリカではコラキチ・ハマダのリングネームでプロレスとボクシングのリングに上がり、マツダほどは活躍しなかったが、ビジネスマンとしての才覚はあったのだろう。アメリカ人レスラーとボクサーの一団を率いて帰国し、銀座と築地の間に位置する木挽町《こびきちょう》の広場、現在の歌舞伎座のすぐそばに大きなテント小屋を設営して興行を打った。この初ものの「欧米大相撲」はあまり話題にはならなかったが、その後、浜田は大関・剣山《つるぎざん》の一派とのコラボレーションを企画し、「内外対抗戦」として大阪、京都、四国を巡業した。

プロレスラーとしてはアメリカでかなり高いランクにあったタロー・ミヤケも、一九二八年十月、アスバードル（アメリカ）、ベルソート（カナダ）、ベルダラメン（イギリス）の外国人三選手を帯同して一時帰国。このときに大日本レッスリング普及会という組織が発足し、国際試合「日米英レッッスリング競技大会」と題して東京、静岡、沼津、浜松、名古屋、大阪、和歌山など全国各地で巡業を展開。しかし、これも興行的には失敗に終わった。

プロレスとアマチュア・レスリングがリンクする領域、あるいはプロとアマの境界線がなかった時代の特異な事例としては、庄司彦男が主宰した大日本レスリング協会がある。

一九二一（大正十）年二月、靖国神社相撲場でアメリカ人プロレスラーのアド・サンテルと〝日本柔道対西洋相撲〟の歴史的な一戦――日本における総合格闘技（Mixed Martial Arts＝MMA）のルーツという位置づけになっている――に挑んだ柔道家の庄司四段は、南カリフォルニア大学講師としてアメリカに滞在後、三一年に帰国し、同年四月、八田一朗らとともに母校の早稲田大学に日本で最初のレスリング部を創部。翌三二年には八田を中心に大日本アマチュアレスリング協会が発足したが、アメリカでプロレスへの造詣を深め、プロ志向だった庄司は、これとは別に大日本レスリング協会を設立した。庄司のこの組織は日本のプロレス史の年表には登場しない、まぼろしのプロレス団体。やや蛇足になるが、プロレス・ジャーナリズムの草分けとなる田鶴浜弘にプロレスのおもしろさを説いたのもこの庄司だった。

プロレスのもうひとつの源流〝プロ柔道〟

力道山のプロレスとリンクしてくる戦後のプロ興行では、〝鬼の牛島《うしじま》〟こと牛島辰熊《たつくま》八段が講道館を脱退して一九五〇(昭和二十五)年に旗揚げした国際柔道協会がある。通称「プロ柔道」と呼ばれた同協会は、柔道の試合のプロ興行とその継続化をもくろんで設立された組織で、戦後の混乱期に生じた講道館の分裂から派生した柔道の職業化の試みだった。

主力選手は牛島の一番弟子の木村政彦、早稲田大柔道部から満州鉄道柔道部に在籍して大相撲の経験もある山口利夫らで、旧海軍出身の渡辺利一郎、坂部保幸、遠藤幸吉、宮島富男、高木清晴(のちにプロレスラーとして月影四郎に改名)ら講道館から離反した総勢二十二人が〝プロ柔道家〟として参画した。

木村政彦は一九一七(大正六)年、熊本生まれ。旧制鎮西中学四年時に四段を取得し、三五(昭和十)年、拓殖大学予科で「牛島塾」塾生となり五段に昇進。戦前から戦後にかけて日本選士権-全日本選手権十三大会連続優勝、十五年間無敗。この時点での段位は七段だった。

プロ柔道の主役は「木村の前に木村なく、木村の後に木村なし」と謳われた木村七段。拓大と早大の学生柔道時代からのライバルで、知名度では木村に次ぐ山口六段が〝番付〟では二番手。一九五〇年四月、東京・芝のスポーツセンターでの旗揚げ興行から全国巡業を展開したが、どこも客入りは悪く、四カ月後の同年八月にあっけなく解散した。

木村、山口、坂部六段は、ハワイとサンフランシスコに支局があった松尾國三の松尾興行と契約し、翌五一年一月、横浜から船でハワイに渡った。ハワイで木村らを待っていたのは、元柔道家でプロレスラーとしても活動した日系一世アメリカ人のラバーメン樋上《ひがみ》こと樋上蔦雄《つたお》で、樋上は三人にプロレスの基礎を手ほどきし、同地滞在中のマネジャー役をつとめた。同年三月から木村、山口、坂部は陸軍基地、警察、ハワイ大学などで柔道を教え、プロレスのリングでは柔道のデモンストレーションを披露し、柔道着を脱いでプロレスラーとしても試合に出場した。木村も山口も(坂部も)プロレスラーとしてのデビューは力道山よりも八カ月ほど早かった。ここはひじょうに重要なポイントで、日本のプロレスは、その成立の過程で柔道と相撲のふたつの流れを汲んでいた。

その後、木村と山口はハワイからサンフランシスコに転戦し、柔道のエキシビションではなく、タイツをつけてのプロレスの試合で世界タッグ王者ベン&マイクのシャープ兄弟と対戦。ふたりは一九五一年五月三十日に帰国し、ハワイにとどまっていた坂部も九月に帰国した。このとき、松尾興行と樋上は〝世界ヘビー級王者〟ジム・ロンドスを座長とするアメリカ人レスラー一行を帯同し、木村、山口、坂部の三選手を中心に日本でプロレスの興行をおこなう計画を立てていたとされるが、結果的にこれと同様のプランはボビー・ブランズ一派に先を越された。

一方、木村は同五一年六月、山口、加藤幸夫四段らとともにこんどは南米からヨーロッパを股にかけての格闘行脚の旅に出発。十月二十三日、ブラジルのリオデジャネイロで――力道山が師匠ブランズとのエキシビション・マッチでプロレスラーとしてデビューしたころ――ブラジリアン柔術のエリオ・グレイシーと〝他流試合〟で対戦。後年、「キムラロック」あるいはシンプルに「キムラ」と呼称されることになるアームロック＝腕がらみでグレイシーの右腕を骨折させ、これを下した。この試合はそれから約半世紀後に総合格闘技（ＭＭＡ）の源流のひとつと位置づけられることになる歴史的な一戦である。木村（当時三十四歳）の柔道家としてのピークはどうやらこのあたりだから、そのあとのプロレスラーとしての約六年間のキャリアは、木村にとってはどちらかといえば〝副産物〟だったのかもしれない。

メディアをコントロールした力道山

一年一カ月にわたるアメリカでの武者修行を終え、力道山が日本へ帰ってきたのは一九五三

(昭和二十八)年三月六日。サンフランシスコからの帰路に立ち寄ったハワイには三週間滞在し、ホノルルのシビック・オーデトリアムでの毎週日曜の定期戦で四試合を消化した。この時点ですでに力道山の頭のなかには日本プロレス協会設立の青写真が描かれていた。

羽田国際空港での帰国記者会見で力道山は「二百六十戦を超す試合をこなし、負けたのはシングルマッチでレオ・ノメリーニ、タム・ライス、フレッド・アトキンスの三人。タッグマッチでは二敗、それはパートナーが負けたもの」とコメント。いまになってみると、このときの力道山の発言のなかには、ここから十年間つづく大長編ドラマ「力道山」の構成・進行上の法則(のようなもの)とそれを読み解くためのいくつかのヒントがちりばめられていた。

国際線旅客機に搭乗しての外遊そのものがひとつの社会的ステータスだった時代に、力道山は羽田空港での記者会見をドキュメンタリー映像の〝ワンシーン〟としておおいに活用した。一年一カ月のアメリカ遠征でこなした試合数については、ハワイでの四カ月間で約二十試合、サンフランシスコでの八カ月間で約百五十試合をおこなった記録が残っていて、実際には合計で百七十試合ほどだったが、力道山が「二百六十戦を超す」と発言すれば、当時の活字メディアはこの数字を〝公式データ〟としてそのまま報じた。

それはだんだんと明らかになってくる部分ではあるが、メディア向けに発信される情報のソースが限定されていることも、力道山による、力道山のための、力道山のプロレスのひとつの特徴だった。それは力道山の天性のセンスであったかもしれないし、あるいはアメリカのプロモーターから学んできたストーリーテリングの手法であったかもしれないが、力道山はこういった情報のコントロールにたいへん長けていた。

「負けたのはシングルマッチでレオ・ノメリーニ、タム・ライス、フレッド・アトキンス」というコメントは、ノメリーニ、ライス(ハワイでマスクマンのレッド・スコーピオンとして力道山と対戦)、アトキンスの三人の〝まだ見ぬ強豪〟がやがて日本にやって来ることを意味していた。「タッグマッチでは二敗、それはパートナーが負けたもの」については、力道山のこの発言の真意に気づいていた新聞記者がどれくらいいたか――あるいはタッグマッチがどんな試合なのかわかっていたかどうか――はさだかではないが、どうやら、タッグマッチと呼ばれる試合形式においては、力道山が負けなくても、力道山のパートナーが負けて、試合そのものには敗れてしまう場合があることを示唆していた。まったくこのとおりのケースは翌五四年二月、シャープ兄弟との世界タッグ選手権の〝ある結末〟として提示されることになる。

プロレスを「殴る、蹴る、打つ」と説明した力道山

力道山は帰国と同時にまずその活動拠点となる道場づくりに着手した。相撲時代からの後援者の新田新作・新田建設社長が同社の資材置き場だった中央区日本橋浪花町の土地を提供し、

相撲からプロレス転向をめざす出羽海部屋の駿河海(元幕内)、花籠部屋の元幕下で二メートルを超す長身の新高山《にいたかやま》(のちの羅生門＝台湾出身の卓詒約《たくいやく》)、二所ノ関部屋で力道山の付き人だった元序二段・桂浜(のちの田中米太郎レフェリー)、出羽海部屋の大成山《おおなるやま》(のちの阿部修レフェリー)らが建設工事に参加し、力道山自らも力仕事に汗を流して〝バラック建て〟と形容された「力道山レスリング練習所」があっという間に完成した。道場には当時はまだめずらしかったウエートトレーニング用の各種器具をアメリカから取り寄せ、専属トレーナーとしてハワイ滞在中に親しくなったハロルド登喜を日本に呼んだ。

これと同時進行で力道山、新田、永田貞雄の三人は日本プロレス協会の設立準備に奔走し、興行部門として日本プロレス興業株式会社を設立して新田がその初代社長に就任した。アメリカ武者修行への出発前に力道山に協力を約束していた永田の日新プロダクションが関東から東のエリア、林弘高の吉本興業が関西から西のエリアの興行を受け持つという基本路線はすでにできあがっていたが、新田、永田、林の〝三人のボス〟はこの時点ではプロレスのことはなにひとつわかっていなかったし、力道山もこれからスタートする新しいプロスポーツについて「殴る、蹴る、打つ」としか説明しなかった。

そこで当時、吉本興業でラジオ番組の制作をしていた押山保明が日本プロレス興業の宣伝・広報部長としてヘッドハンティングされた。おもな業務内容は新聞各社、出版社、ラジオ局など各メディアとの対応だった。新田、永田、林のような興行畑の人物ではなく、映画畑出身で、クリエイター気質で都会的なセンスをもつ押山は〝背広組〟としてまさに適任だった。

押山は一九〇三(明治三十六)年、東京・小石川生まれの江戸っ子で、二〇(大正九)年、十六歳で松竹キネマに入社。無声映画の監督となるが、二三年九月の関東大震災のあと、在学していた慶應義塾を中退し、大阪に移り日活に入社。その後、J・O・スタヂオを経て、合併により三八(昭和十三)年、東宝に入社。東宝東京撮影所時代はプロデューサー、芸能部長、東宝芸術協会専務理事を歴任し、五〇年五月、同社のストライキ争議から撮影所の再開を見届けて東宝を退社。吉本興業に移籍した。

年下の林社長から、それまで日本にはなかった〝プロレス興行の宣伝〟というポジションを嘆願された押山は、吉本興業からの出向という形で日本プロレス興業に入社した。映画界では三十余年のキャリアを数え、年齢でも五十代に手が届こうというベテランが、アメリカから書籍、専門誌、新聞記事などありとあらゆる資料を取り寄せてプロレスという未知のジャンルを研究し、プロレスがどうしてアメリカで大衆の心をとらえているかを映画人の目で探った。どうやら、押山にとってプロレスは新しい〝映像作品〟だった。

押山と力道山の不思議な関係――映画プロデューサーと監督・俳優のような関係――は力道山がこの世を去るまでつづいていく。

日本プロレス協会発足

力道山がまず最初に協会を設立しようと考えたいちばんの理由には、自らが育った相撲社会、相撲文化の慣習の踏襲という発想があったのだろう。大相撲に相撲協会があるように、プロレスにはプロレス協会。相撲社会とプロレス社会。相撲文化とプロレス文化。組織、興行、ソフトウエアとハードウエア、ヒト、モノ、コト、カネをすべてまとめて相撲界。力道山がアメリカで目撃、体感してきたレスリング・ビジネスは相撲社会によく似たストラクチャーになっていて、力道山自身もこれから誕生するプロレス界をそういうイメージでとらえていた。

日本プロレス協会が正式に発足したのは、力道山の帰国から四カ月後の一九五三(昭和二十八)年七月一日。発起人代表で初代協会会長は酒井忠正(横綱審議委員会委員長、元農林大臣)。理事長は新田新作(明治座・新田建設社長)。常務理事は永田貞雄(日新プロダクション社長)と林弘高(吉本興業社長)。理事は今里広記(実業家、経済同友会、経団連)、加賀山之雄(国鉄総裁、参議院議員)、吉田秀雄(電通社長)、萩原祥宏(右翼団体主宰)、松尾國三(歌舞伎役者、芸能プロモーター、雅叙園観光社長)、矢野範二(日本金属社長)、古荘四郎彦《ふるしょうしろひこ》(千葉銀行初代頭取)。顧問は太田耕造(弁護士、元内閣書記官長、元文部大臣)、大麻唯男(元国務大臣、国家公安委員会委員長)。相談役は出羽海秀光(相撲協会理事長、元横綱・常ノ花)と永田雅一(大映社長)。政界、財界、興行界、相撲界の大物がずらりと名をつらねた。

会長が〝相撲の殿様〟と呼ばれた酒井忠正で、出羽海・相撲協会理事長が相談役に入っていたのは、相撲出身の力道山が本家に〝仁義〟を通したもの——実際に交渉にあたったのは力道山の〝懐刀〟となる元小結・九州山だった——といわれたが、もうひとつの理由は、近い将来に相撲からプロレスへの転向希望者が急増した場合を想定し、このとき「親方の同意がなければ現役力士のプロレス入りは認めない」との内約が交わされたとする見方もあった。新聞のスポーツ面をはじめとする当時の活字メディアは、酒井横綱審議委員会委員長と出羽海理事長の〝出馬〟を相撲とプロレスの摩擦を避けるための「緩衝点とする含み」と報じた。

理事長の新田新作、常務理事の永田貞雄と林弘高、理事の今里広記、松尾國三、矢野範二らは、この前年の一九五二年一月、柳橋の料亭「竹仙」での横綱・千代の山を囲む宴の席上、同席していた力道山のプロレス転向プランに興味を示し、賛同し、応援していくことを約束し、翌二月一日、アメリカ武者修行の旅に出発する力道山のために目黒・雅叙園で大がかりな壮行パーティーを開いたコアな支援グループである。五四年二月開催を目標に準備段階に入った日本プロレスの旗揚げ興行のため、永田は個人で経営していた築地の高級料亭「蘆花」を千八百万円(推定)で売却し、これを運転資金にあてたとされる。興行のプロである永田にとっても、それは一世一代の大バクチだった。

相撲ファン＝タニマチとして知られていた加賀山之雄、太田耕造、大麻唯男ら政界人、吉田秀雄、古荘四郎彦ら財界人の名が協会理事、顧問としてスムーズにレイアウトされていたのは、日本プロレス協会が日本相撲協会から派生して新たに誕生した〝姉妹組織〟というニュアンスでとらえられていたためともいえるだろう。しかし、これだけのインフルエンサーたちのなかにもこの時点でプロレスがいったいどのようなスポーツ、あるいはエンターテインメントであるかをきっちりと理解していた人はほとんどいなかった。

「力道山レスリング練習所」完成

協会設立発表と完成したばかりの道場の披露を兼ねたパーティーが日本橋浪花町の「力道山レスリング練習所」で開かれたのは一九五三年七月三十日。記者会見とパーティーの司会は、このときすでに日本プロレス興業の設立スタッフとして参入していた九州山で、酒井会長のあいさつ、林常務理事からの経過報告、永田雅一・大映社長、出羽海・相撲協会理事長らの祝辞のあと、力道山と遠藤幸吉が仮設リングで模範試合をおこなった。

柔道出身の遠藤は、五二年四月、力道山よりも二カ月遅れてアメリカへ武者修行に出て、半年後の同年十月に帰国。すでに心身ともにプロレスラーに生まれ変わっていた。当時、東京日日新聞社の芸能記者としてこのパーティーを取材した小島貞二は、著作にこうつづっている。

力士時代のあの太鼓腹がへこみ、その分胸のせり出した体の黒いタイツの力道山と、力道山をひと回り小さくした、一見日系二世のように見える黒いトランクスの遠藤が、組み、ぶつかり、投げ、投げられて約十五分間、マットを汗にした。遠藤がドロップキックを失敗、鼻血を出したその血の色が今も印象に濃い。

そのとき、プロレスのルールや、マットの広さなどを発起人の二、三人にきいてみたが、誰も正確に答えられる人はいなかった。「プロレスとは日本の相撲と柔道を混ぜた西洋相撲で、いうなれば見せる喧嘩のようなもの」程度の認識しか、まだなかったのである。

（小島『力道山以前の力道山たち』）

床面積四十坪（約百三十平方メートル）のそれほど広くない道場は蒸し風呂状態だった。このときの情景を後年、押山保明・日本プロレス興業宣伝部長が手記に記している。

この日天気至って晴朗、真夏の西陽が狭い道場いっぱいに差し込んでいる中に百名近くの人間がヒシめいたので、まさに灼熱地獄。冷房設備のない時代、氷柱四本も式の終らないうちに、溶けて流れて浪花の水。さすが品のよい酒井の殿様も上衣を脱いだほどですから、主賓はもとより、来賓一同汗をたらたらビールを呑んだ思い出は、懐しくもあり、残酷物語でした。

（押山「日本プロレス協会の発足」）

前年二月、目黒・雅叙園で壮行パーティーが開かれたのはしんしんと雪の降る寒い夜で、日本プロレス協会設立発表パーティーは灼熱地獄の七月の記憶。まるでローラーコースターのように激しく乱高下をくり返しながらの疾走。力道山はそういう運命を背負っていたのだろう。

ハワイで世界王者テーズに初挑戦

シャープ兄弟との歴史的な一戦からスタートする〝プロレス元年〟を前に、力道山は一九五三年十一月六日、二度目のアメリカ遠征に出発した。ツアー期間は約三カ月間。まず、年内はハワイに滞在し、毎週日曜のシビック・オーデトリアム定期戦に出場。十一月十五日、同二十二日はトミー・オトゥール、ディック・レインズと対戦し、それぞれ勝利。同二十九日には同所で八選手出場の「世界選手権次期挑戦者決定トーナメント」がおこなわれ、力道山は一回戦でバド・カーティス、二回戦でフランク・バロア、決勝戦でボビー・ブランズを下し、同トーナメントに優勝。世界ヘビー級王者ルー・テーズへの挑戦権を獲得した。力道山はハワイではすでにスターで、このツアー中には、皇太子（現在の明仁上皇）がアメリカ訪問の途中で立ち寄ったホノルルでパレードのために乗車したとされる五三年モデルのキャデラックのオープンカーを現地で購入し、この話題が外電のニュースとして日本に伝えられた。

テーズは一九一六年、ミシガン州バナー生まれのミズーリ州セントルイス育ち。三二年、十六歳でデビューし、三七年十二月、セントルイスでエベレット・マーシャルを下し、二十一歳の若さで世界ヘビー級王座を獲得。戦前から戦後にかけて全米各地に乱立していた諸派閥の世界王者となり、戦後の四九年十一月、プロモーター間のガバナンス組織として発足したNWA(ナショナル・レスリング・アライアンス)の初代〝統一〟世界ヘビー級王者に認定された。典型的な正統派で、威厳と品格をたずさえ、観客動員力のあるチャンピオンのなかのチャンピオンとしてこの時点で王座を四年間保持し、現役生活の全盛期にあった。日本の活字メディアは「七百戦無敗」「七年間不敗」といった見出しでテーズの名をブランド化した。

ルー・テーズ

一九五三年十二月六日、力道山はシビック・オーデトリアムでテーズに初挑戦。トレードマークとして定着しつつあった空手チョップの連打でチャンピオンに攻め込む力道山に、ハワイ

――アメリカ本土と日本のちょうど中間に位置する――の日系アメリカ人オーディエンスは大喜びしたが、力道山が不用意にヘッドロックの体勢に入ったところをテーズが〝伝家の宝刀〟バックドロップできれいに宙を舞わせ、力道山は後頭部からキャンバスに落下。そのまま立ち上がることができず、四十三分、失神KO。絵に描いたような完敗だった。この試合が〝世界の頂点〟に立つテーズに力道山が闘いを挑んでいく長編ドラマの〝第一話〟になっていた。

力道山はその後、十二月第四週にアメリカ本土に転戦。前年と同様、一九五四年の新年を異国の地で迎えた。サンフランシスコ、サンノゼ、サクラメント、オークランドなど、大プロモーターのジョー・マルコビッチが指揮を執る興行テリトリーを週五、六試合のスケジュールで一カ月間ツアー。二十数試合を消化した。このとき、二月に来日する世界タッグ王者チーム、ベンとマイクのシャープ兄弟と正式契約を交わした。

二月十二日、ややかけ足のハワイ、サンフランシスコ遠征を終えた力道山は、日本のリングではレフェリーをつとめる沖識名を伴って中継地点のハワイから帰国。羽田空港での記者会見では「七十戦近く試合をし、負けたのはワールド・チャンピオンのルー・テーズとのタイトルマッチ一試合だけ」と報告した。このとき「ワールド・チャンピオン」と「ルー・テーズ」というふたつの新しい単語が活字メディア（とそれを読む読者の意識）にインプットされた。

プロレスは戦後ニッポンのまったく新しいプロスポーツで、力道山はその主人公だから、日本のプロレスも、力道山も、その立ち位置は世界を追いかける立場、チャレンジャーであることが望ましかった。初の「国際大試合」開催をまえに、力道山はハワイで世界タイトルマッチを闘い、本場アメリカで大活躍している国際的スターとして〝凱旋帰国〟したのだった。

〝民放テレビの父〟正力松太郎

羽田空港ではこの日、プロレスとテレビを結びつける重要なキーパーソンが力道山の帰国を待っていた。日本テレビの戸松信康プロデューサーである。

戸松は一九一八(大正七)年(あるいは一九一九年)生まれで、金沢の第四高等学校、東京帝国大学を卒業。東大在学中だった戦前、母校・四校の柔道部の先輩で、東大の先輩でもある正力松太郎から卒業後の読売新聞社入社を勧められたが、戦後は四八(昭和二十三)年から雑誌『知と行』(大東出版社)編集発行人となった。しかし、五二年、正力との深い縁からテレビの世界に身を投じることとなり、五三年春、三十代半ばにして日本テレビに入社した。同局を退職後は千葉大学講師、財団法人化学療法研究会専務理事を経て、八二年ごろ、東京・亀有の浄土宗香念寺「第二十四世住職」となったひじょうに特異なプロフィールのマスコミ人であり、知識人であり、宗教人だった。

力道山と戸松の遭遇、プロレスとテレビの合体までのいきさつをひも解いていくまえに、戸松の師・正力の日本テレビ開局までの経緯についてかんたんにふれておく必要がある。

正力松太郎(一八八五―一九六九)は、一九一一(明治四十四)年、東京帝国大学法科大学を卒業し、内閣統計局、警視庁を経て、二四(大正十三)年、読売新聞社を買収して同社第七代社長に就任した。ウィキペディアはそのプロフィールを内務官僚、警察官、実業家、政治家およびCIA(アメリカ中央情報局)の協力者というふうに記している。正力は二四年、二五年に日本初の民営ラジオ放送局開局を計画したが実現せず、このとき、官営放送の社団法人東京放送局(現在のNHK)が誕生した。いまになってみると、このあたりが日本の経済界における「官営」「国営」と「民営」のせめぎ合いの歴史の始まりだった。

戦前から戦中にかけて大政翼賛会総務、内閣情報局参与の職にあったことが理由で、正力は終戦後の一九四五年十二月、A級戦犯として巣鴨プリズンに収監され、翌四六年一月、公職追放。その後、アメリカによる占領政策が大きな転換をみせ、五一年八月、公職追放が解除され、九月八日にサンフランシスコで日米講和条約が成立して敗戦から六年で日本は自由主義、民主主義の新しい国として独立した。

戦後の一九四六年五月の第一次内閣誕生から五四年十二月の第五次内閣解散まで――途中、四七年五月から四八年三月までの片山哲内閣、四八年三月から同十月までの芦田均内閣はあったが――七年の長期にわたり混乱の時代の日本を動かしていたのは吉田茂政権だった。

正力は、公職追放解除後の一九五一年十月二日、「日本テレビ放送網」の名称でテレビ放送開設申請書を電波監理委員会に提出。電波行政の決定機関だった電波監理委員会は翌五二年に廃止となったが、廃止直前の同年七月、同委員会は日本テレビ一社のみにテレビ放送の予備免許第一号を下付し、正力は同年十月、資本金二億五千万円で日本テレビ放送網株式会社を設立。同社初代社長に就任した。〝大正力〟六十七歳の挑戦だった。

一方、NHKは一九四八年からの実験放送・試験放送を経て、五三年二月一日にNHK東京テレビジョンとして本放送を開始。正力の日本テレビはそれから半年後の同年八月二十八日――力道山の日本プロレス協会設立から一カ月後――に開局し、同日午前十一時二十分から本放送を開始した。NHKと日本テレビ、官営と民営のせめぎ合いは、じつは戦後観、国家観をめぐる吉田首相と正力の見識のちがいでもあった。

吉田首相はテレビというアメリカからの輸入文化を単純にぜいたくな娯楽設備と考え、戦後の日本と日本人には時期尚早ととらえたが、正力はテレビこそが日本の復興と独立、経済成長を促すものととらえた。正力がイメージした新しい日本の繁栄とは、科学技術と教育の発展であった。敗戦により国土は狭くなり、もともと自然資源の乏しい日本が近代産業国家の仲間入りをするためにはテレビによる科学技術(真空管技術、ブラウン管技術、放送・通信技術)の進歩、テレビによる教育(報道、社会教育、政治教育)が重要であり、それが国民の自信回復につながり、やがて治安国防にも貢献するというのが正力のビジョンだった。
日本テレビ開局時の全国のテレビ受像機の総台数はわずか三千六百台程度だったとされるが、正力は独自の発想で東京をはじめとする放送サービスエリア一帯の国鉄駅前広場などに二百二十台の街頭テレビを設置。そこに観客＝視聴者を集めて番組を放送し、テレビを社会＝一般大衆に普及させるための画期的なキャンペーンを展開した。ここで大切になってくるのは、テレビ番組の放送内容、現代語でいうところのキラーコンテンツのプロデュースだった。

力道山と接触した戸松信康プロデューサー

正力松太郎といわば師弟関係にあった戸松信康は、民放テレビ局はあくまでも企業（ビジネス）であり、新聞社とはちがい、報道、教育とともに娯楽――スポーツとエンターテインメントとフィクション――の機能も兼ねていなければならないと考えた。戸松と力道山の接触から、開局間もなかった日本テレビによるプロレスのテレビ放送決定までのいきさつについて、戸松自身が手記を残しているので、抜粋して引用していく。

私は〔テレビ局の〕開始直後の目玉番組として、かねてプロレスを考えていた。せっかくテレビ界に入るのだから、何か手みやげを正力氏にさしあげたい、それには、プロレスがよかろうと考えたのである。正力さんに、あいさつの義理を立てようとするほど私は旧弊な男であったわけである。

プロレスそのものは、アメリカでは永い歴史を持ち、テレビ開始時(太平洋戦争前)から、スペシャル・イベントとして放送に登場していたことを知っていたが、日本の放送関係者の誰も注目しなかった。一口にいえば、日本のプロレスは全く未開拓の分野であって、スターも何もなかった。私はプロレスとテレビの関連を測定し、プロレスのスター誕生を企図した。

〔中略〕

初期のプロレス界の動向を凝《じ》っと見ていた私の目に入ったのは力道山であった。それはあたかも、テレビ放送の発足する昭和二十七年から二十八年にわたる時期であった。

(戸松「秘話・プロレスとテレビ」)

戸松が観察していた「初期のプロレス界の動向」とは、すでに別項でも触れた一九五〇(昭和二十五)年のプロ柔道発足とその興行活動の失敗‐消滅、柔道家の木村政彦、山口利夫らのハワイ、アメリカ本土遠征と現地での予期せぬプロレス転向までの一連の流れを指している。戸松はテレビのコンテンツとしてのプロレスには大いなる可能性を感じていたが、画面のなかで主役を演じることができるのは〝柔道の木村〟ではないと考えた。このあたりの直感は、正力の弟子としての洞察力、テレビマンとしての嗅覚ということになるのかもしれない。

昭和二十九年二月十二日、私は、力道山帰国を羽田に迎え、同空港で、力道山の抱負とテレビ放送快諾をきくことを得た。

力道山曰く、「日本テレビが発足して、努力されていることを知っています。しかし、今にテレビというものは大したものになりますよ」

私曰く、「テレビを大したものにするため、ぜひ、力さん、あなたのプロレスをやりたい」

力道山、「結構ですとも。テレビはプロレスによって早く前進して下さい。プロレスもテレビによって人気爆発すること、間違いありません。実地にアメリカで見て来ました」

これで、プロレスの放送化は、即時に決定したわけであるが、私は、むしろ、力道山のテレビに対する理解ぶりにおどろいたほどだった。当時は、どんなスポーツ界でも、興行、芸能、映画界でも、テレビに対する考え方は、極めて懐疑的であって、進んで協力することを躊躇する向が強かった。これも無理からぬことであった。〔中略〕

力道山は、プロレスの選手としてのみならず、プロモーターとしても、物事を深く考え、広く見る国際人として立派に成長していた。私は、重ねて力道山の視野の広さ、見識の高さに感心した。

翌日、日本テレビに出社した私は、正力社長に報告に及んだ。

「プロレスリングを中継放送にかけます。力道山の対手の、世界選手権者シャープ兄弟が十七日に来日します。十九日から三日間、蔵前国技館で初試合があります」と。

正力氏曰く、「よろしい。君のいいようにやってくれたまえ。そうだ、おれが職業野球をやったのも、アメリカと試合して勝つことを目標にしたのだ。戦争に負けた日本の大衆に、日本人の強さを見せてやろう。独占したまえ」

戸松曰く、「プロレスが人気沸騰することは間違いありません。そのうち、各方面で奪い合いになりましょう。力道山君は正力先生をテレビの恩人とあがめているから大丈夫でしょう」

正力氏曰く、「力道はよい男だ。応援してやろうではないか――」（同前）

正力が〝テレビの父〟であり〝プロ野球の父〟であることはあまりにも有名だが、間接的とはいえ、テレビを通じた〝プロレスの父〟でもあったことはほとんど知られていない。

力道山の帰国が二月十二日で、日本プロレス旗揚げ興行「国際大試合」の初日がそれからわずか一週間後の二月十九日だったから、その宣伝活動はずいぶんあわただしかった。力道山は側近の九州山とともにハワイから持ち帰ったキャデラックのオープンカーに乗り、相撲エリアの墨田区本所界隈をドライブしながら道ゆく人びとに手を振り、本場所中の蔵前国技館に乗りつけてポスターを貼り、チラシをまいて歩いた。いわゆる〝手打ち興行〟の感覚だった。

大相撲の本場所のような興行をイメージしていた日本プロレスは、力道山陣営のメンバーがプロレスラーとしては新人の駿河海、遠藤幸吉らだけでは駒不足と考え、知名度の高い木村政彦と山口利夫に協力を要請し、ふたりはこれを快諾した。両者ともアメリカ遠征時にシャープ兄弟と対戦経験があった。木村は力道山の帰国を待たず、二月九日に熊本から上京し、日本橋浪花町の力道山道場で練習を開始していた。

日本テレビの編成総務という立場にあった戸松は、プロレス中継のプロデューサーとして番組提供スポンサー獲得に動きつつ、興行プロモーターの永田貞雄・日新プロダクション社長とは放送ギャランティーの交渉をおこない、番組制作の現場には工藤雷介（『柔道新聞』主幹＝のちの日本プロレスリング・コミッション〔以下、日本プロレス・コミッション〕事務局長）と伊集院浩（『毎日新聞』運動部記者）をブレーンとして迎え入れた。工藤はプロレスの前身ともいうべきプロ柔道の発足から崩壊までのいきさつをよく知る人物で、柔道界に友人・知人が多かった戸松とは知己。伊集院は一九三一（昭和六）年、東西学生ラグビーフットボールで明治大学を初の全国制覇に導いた元アスリートの新聞記者で、スポーツ・ジャーナリストとして相撲やボクシングにも精通し、アメリカでプロレスを取材し、先述のとおり現地で武者修行中だった力道山とも対面した〝事情通〟だった。

プロレス番組放送に向けて

蔵前国技館三日間興行独占放送の〝正力命令〟を受けた戸松は、まず日本プロレス協会理事にも名をつらねる今里広記社長の日本精工から初日放送分のスポンサー契約を五十万円(推定)で取りつけた。つづいて、アメリカで実際にプロレスを観て、その人気を知っていた山一証券の藤田寛治常務取締役が社内プレゼンテーションをおこない、大神一社長の「プロレスという銘柄は成長株」の鶴のひと声で、同社が一日あたり四十万円(推定)で三日間放送分の番組提供を引き受けた。三社めは〝整髪の王座〟ケンシポマードがスポット提供枠を買った。

番組の放映ギャランティーについては、戸松は一日あたり十万円(三日間で三十万円)を日本プロレス興業に提示し、日新プロダクションの永田貞雄社長、同社の中川明徳支配人は一日あたり二十五万円(三日間で七十五万円)を主張したとされるが、戸松は「プロレス振興のため、テレビ発展のため、ご協力を」と大義名分を説き、一日あたり十七万円(推定)という落としどころで契約を成立させたという。

興行の後援には毎日新聞社がついた。これは吉本興業の林弘高社長が懇意だった森口忠造・毎日新聞社事業部長(のちの専修大学理事長)を通じて働きかけたものとされ、現場レベルでは伊集院浩記者の奔走があった。毎日新聞社内では「プロレスなど大新聞が後援するものではない」との反対意見があったが、戦後すぐに日本とアメリカを何度も往復して国際的なジャーナリスト感覚を身につけ、テレビにもプロレスにも魅力を感じていたという本田《ほんだ》親男《ちかお》社長がゴーサインを出した。ただし、本田社長は「後援はするが、金は出さん」「応援のために記事はどんどん書け」というスタンスで、このとき、東京本社運動部の伊集院とその後輩で相撲記者だった呉《ご》政男《まさお》、谷口勝久・大阪本社運動部長が中心となって〝プロレス班〟が組まれた。

プロレスに対して懐疑的だった『朝日新聞』

「国際大試合」がいよいよ四日後に迫った一九五四(昭和二十九)年二月十五日、『朝日新聞』の朝刊三面に「日本で〝世界選手権試合〟をやる力道山」というタイトルで力道山の顔写真入りのちいさな囲み記事が掲載された。プロレスラー力道山と、その力道山がアメリカから直輸入したプロレスというまったく未知のプロスポーツに対する、この時点での社会的な関心はどのようなものであったのかを探るためには、この新聞報道はひじょうに資料的価値の高いものと思われる。コラム記事「人 寸描」全文をそのまま引用する。

格子ジマの上衣に青ズボン、オートバイを飛ばしてさっそうと場所入り、土俵では張手をかませたり外掛にネジッたり、とにかく独得の闘志と荒技で関脇にまで進んだ。その彼が突然マゲを切りファンを驚かせてから四年になる。部屋のゴタゴタ問題とか協会に対する不満とかいろいろウワサされたが、力士の収入では大きなことは出来ないというのが第一の原因のようだった。

彼はすぐさま柔道の木村、山口に続いてプロ・レスリングへ転向した。土俵で鍛えた体力と負けぎらい、一本気、無鉄砲の性格がマッチしたかメキメキ上達、一回目のアメリカ修行では約三百戦五敗、今度の渡米では七十戦中世界選手権者のルー・テイズ《原文ママ》に負けただけだった。胴回り四十八インチの太鼓腹を三十六インチにしぼり典型的レスラーの体に作り直したあたりその陰に並々でない努力のあったことがわかる。

国際的な、人おじしない明朗さがどこへ行っても「リキ」「リキ」と可愛がられ「いくら見物本位のショウだって自分はフェアにやりたい」とするそのリング態度が向うで非常に受け大人気を集めたらしい。また今度タッグ・レスリング(二人ずつ組んでリレー式にやる試合)の世界選手権を持つシャープ兄弟を日本に連れて来たあたりは彼の手腕と個人的信用からで、でたらめの多いこの種目の選手に似ない律儀の面もある。「道場を完備してアマチュアの重量選手をも養成したい」という。要するに「力の世界」で独自の大仕事をしたいのだ。もともとチョンマゲの社会には満足しない異端児だったのだろう。相撲界の敗残者「リキ」が日

本に新スポーツ・ショウの根を植えるかどうか。本名百田光浩、長崎県出身、三十二歳。(プロレスラー)
(『朝日新聞』一九五四年二月十五日付)

『朝日新聞』が、この週の金曜(二月十九日)から三日連続で開催されるプロレスの初の国際試合とその主役の力道山をタイムリーなトピックとして扱った記事である。最初の段落では相撲時代の力道山の人物像を紹介していて、「突然マゲを切りファンを驚かせてから四年」という記述は、相撲を廃業して以来、力道山がマスコミの注目を集めるのは四年ぶりというニュアンスになっている。同記事は木村政彦と山口利夫もこの興行に出場することには触れていないが、「柔道の木村、山口に続いてプロ・レスリングへ転向」としているのは、プロレスにおいては力道山よりも木村、山口のほうが先駆であることを指摘する文脈ととれる。

「一回目のアメリカ修行では約三百戦五敗、今度の渡米では七十戦中世界選手権者のルー・テイズに負けただけだった」は、羽田空港での会見の〝情報〟をそのまま引用しているから、力道山のアメリカ遠征中の動向について『朝日新聞』は独自の取材はしていなかったのだろう。

「いくら見物本位のショウだって自分はフェアにやりたい」とするそのリング態度が――」のくだりでは、「いくら見物本位のショウだって――」の部分がカギカッコ内のコメントのように扱われているが、これが力道山自身の発言であったかどうかはあいまいで、そのあとの

「向うで非常に受け大人気を集めたらしい」の「らしい」がどこか懐疑的なトーンになっている。

タッグマッチという試合形式について「タッグ・レスリング(二人ずつ組んでリレー式にやる試合)」と説明しているところはほほ笑ましくもあるが、同じセンテンスの後半の「でたらめの多いこの種目の――」なる記述はかなり冷笑的なニュアンスだ。『朝日新聞』はすでにこの段階でプロレスをそういう「でたらめの多い」ものと定義していた。記事は「相撲界の敗残者「リキ」が日本に新スポーツ・ショウの根を植えるかどうか」と結んでいる。

文末の「本名百田光浩、長崎県出身」のところは公式プロフィールどおりだが、年齢については公式プロフィールにもとづけばこの時点では二十九歳となるはずだが、ここにははっきりと「三十二歳」と記されている。この部分だけは『朝日新聞』が独自の調査――相撲入門時のプロフィールでは二三年生まれとなっていた――をおこなったか、あるいは単純な誤りということになるのかもしれない。

テレビとともに始まった〝プロレス元年〟

『朝日新聞』にこの記事が掲載された翌日――因果関係はないと思われるが――の一九五四年二月十六日夜、日本テレビは『プロレスリングの見どころ』というタイトルで特番の生放送をオンエアした。日本テレビの旧第二スタジオ内にリングが設置され、力道山、木村、駿河海、遠藤幸吉、沖識名らがプロレスの模範試合を実演し、これを力道山、スポーツ・ジャーナリストの田鶴浜弘、『毎日新聞』の伊集院浩が解説した。いまでいうところの〝あおり特番〟だった。『朝日新聞』の批判めいた記事に力道山シンパの伊集院は過敏に反応した。

日本でプロレスの試合がテレビ放送されたのはこのときの「国際大試合」が初めてだったかというと、厳密にはそうではなかった。蔵前国技館三連戦よりも十三日前の二月六日、七日の両日、山口利夫グループが大阪府立体育館で毎日新聞社後援「マナスル登山基金募集 日米対抗プロレスリング」を開催。『毎日新聞』の広告効果で二日間の興行は満員となり、この初日をNHKが、試験電波ではあったが、関西から静岡までのエリアで放送した。

日本人選手は山口、元大相撲の清美川梅之、柔道の戸田武雄六段ら、外国人選手はブルドッグ・ブッチャー、ストラングラー・ジョニー、ヘンリー・ジャニーといったあやしいリングネームを名乗る駐留アメリカ軍兵士の〝急造レスラーたち〟で、実況はのちにスポーツ・キャスターとして活躍する鈴木《すずき》文彌《ぶんや》、解説は『毎日新聞』の谷口勝久記者がつとめた。

山口はこの前年、一九五三年七月にも力道山の日本プロレス協会設立とほぼ同時に大阪で単独のプロレス興行を開催。「柔道が勝つか、相撲が勝つか」を謳い文句に清美川と対戦し、それなりに話題を集めた。清美川は現役時代には大横綱・双葉山を破ったこともある元幕内力士

（伊勢ケ浜部屋　最高位・東前頭筆頭）で、四六年の秋場所後に引退し、実業団相撲の大谷重工相撲部の師範となっていたが労働争議から退職。山口は、力道山に先手を打って、第三者を介して清美川にプロレス転向を勧めた。

山口グループは同年十二月、大阪で二度目の興行をおこない、このとき〝東〟の日本プロレス協会に対して〝西〟の全日本プロレス協会を設立した。東京には力道山の後援者ネットワークがあったように、大阪には大阪で山口を支援するグループが存在していた。

日本テレビよりも先にNHKがプロレスをテレビの電波に乗せていたのは意外といえば意外だが、NHKはこの直後、力道山のプロレスにも参入してきた。その経緯については戸松信康が手記にこう記している。

シャープ兄弟との三日間の国内緒戦には、NHKが強引に割り込んで来た。これは予測したことでもあり、予測しなかったことでもあった。まさか直前になって、公共放送のNHKが、プロレス興行に執心するとは思わなかった。しかし、NHK当局は、われわれよりも、アメリカのテレビ事情に通じているはずだから、プロレスがテレビ番組として強力無比のものであることを知らぬはずはない。NHKは吉本興業の線から割込みを策して来たと思われた。

（戸松「秘話・プロレスとテレビ」）

二月十九、二十、二十一日の三日間の蔵前国技館興行のうち、初日は日本テレビとNHKの二局が同時中継。NHKラジオもこれを実況放送した。日本テレビは二日目、三日目を単独で放送。〝プロレス元年〟はテレビとともに始まったのだった。

シャープ兄弟の初来日

二月十九日は「プロレスの日」である。正式な祝日ではないけれど、この国でプロレスが本格的にスタートを切った歴史的な日とされている。

一九五四年二月十九日、二十日、二十一日、東京・蔵前国技館でプロレスの初の「国際大試合」が三日間連続で開催された。日本側の主力メンバーは力道山、柔道出身の木村政彦、山口利夫の三選手。外国側は世界タッグ王座を保持するベンとマイクのシャープ兄弟、力道山のプロレスの師匠ボビー・ブランズ、これに駐留アメリカ軍兵士のボブ・マンフリーを加えた全四選手。前座には大相撲出身の清美川、駿河海、柔道出身の遠藤幸吉らが顔をそろえた。レフェリーはハワイで力道山をコーチした沖識名、力道山道場のトレーナーも兼ねるハロルド登喜の二名。シャープ兄弟とブランズは興行初日の二日前の二月十七日に来日した。

シャープ兄弟の兄ベンは一九一六年、弟マイクは二二年、いずれもカナダ・オンタリオ州ハミルトン生まれ。ベンはボート競技の代表選手として三六年、ベルリン・オリンピックに出場した経験を持つ。ともにカナダ・ロイヤル空軍に入隊し、第二次世界大戦中のイギリス駐屯時代に名レスラーのロード・ジェームス・ブレアースと出逢い、兄弟でプロレス入り。戦後、サンフランシスコの大プロモーター、ジョー・マルコビッチと契約し、五〇年五月、世界タッグ王座を獲得した。

身長はベンが六フィート六インチ(約百九十八センチ)、マイクは六フィート五インチ(約百九十六センチ)で、合計体重は四百九十五ポンド(約二百二十五キロ)。当時の日本人の感覚ではいずれも〝雲をつくような大男たち〟で、ふたりは二月の日本の気候について「カナダ生まれの私たちは寒さを感じない」とコメントした。「国際大試合」の主役は戦勝国アメリカの世界チャンピオン(といううふれこみ)で、シャープ兄弟は〝花の都〟サンフランシスコからやって来たスーパースターではあったが、実際はカナダ国籍だった。

先述のように、テレビ放送は初日がNHKと日本テレビの二局が同時中継し、NHKラジオも放送。日本テレビは二日目、三日目も放送した。日本テレビの実況チームは初日が佐土《さど》一正《かずまさ》アナウンサー、二日目が越智《おち》正典《まさのり》アナウンサー、三日目は江《え》本《もと》三千年《みちとし》アナウンサーがそれぞれ担当。解説は三日間とも田鶴浜弘と伊集院浩がつとめた。

街頭テレビに黒山の人だかり

初日(二月十九日)のメインイベントは、シャープ兄弟対力道山&木村のタッグマッチ(六十一分三本勝負=ノンタイトル)。一本目は力道山がマイクを体固め(十四分十五秒)、二本目はマイクが木村に反則勝ち(八分二十秒)、三本目は一―一のまま時間切れ引き分け。セミファイナルではボビー・ブランズと山口のシングルマッチ(四十五分三本勝負)がおこなわれ、ブランズが二―一のスコアできっちり山口を下した。

街頭テレビに見入る群衆(1954年　提供：毎日新聞社)

この日の観客数は一万二千人の超満員(主催者発表)。いささか昭和的ないいまわしではあるが、チケットは羽が生えたように売れ、千五百円のリングサイド席に八千円とも一万円ともいわれるヤミ値がついた。「街頭テレビに黒山の人だかり」としていまなお語り継がれる、新橋駅前の西口広場に設置された街頭テレビに二万人を超す見物客が押しよせる社会現象が起きたのもこのときだった。

朝日、読売、毎日の三大全国紙は翌日の朝刊の社会面とスポーツ面で「力道山」と「プロレス」を大きく取り上げ、スポーツ新聞各紙も「本邦初公開のプロレス」――実際は初公開ではない――を大々的に報じた。まさに〝スター誕生〟の瞬間だった。

第二戦(二月二十日)は力道山、木村、山口はそれぞれシングルマッチ(四十五分三本勝負)に出場。力道山はベンを二―一で下し、木村とブランズは一―一で引き分け。山口は二―一でマイクに敗れた。第三戦(二月二十一日)のメインイベントでは、初日と同一カードで力道山と木村がコンビを組み、シャープ兄弟が保持する世界タッグ王座に挑戦した日本で初めての世界タイトルマッチ(六十一分三本勝負)がラインナップされた。

この試合では一本目にシャープ兄弟が木村に攻撃を集中し、代わるがわるタッチプレーをくり返しながらの連係プレーを披露し、二十四分五十七秒、ベンが木村をフォール。二本目は力道山が空手チョップの連打からマイクをあっさりフォール(五十五秒)。三本目は両チームが入り乱れての大乱闘モードとなり、レフェリーの沖識名がノーコンテスト(無効試合)をコール。スコアの上では一―一のドローとなったが、タイトルマッチ・ルールで王者チームのシャープ兄弟が王座防衛に成功した。

木村は、試合中はシャープ兄弟に攻め込まれるシーンばかりが目立ち、リング上のほかの三選手(パートナーの力道山を含め)と比較すると明らかに体格的に見劣りし、柔道着を着用していない〝柔道の鬼〟がいちばん弱くみえた。この三連戦が終わった時点で、力道山、木村、山口の〝番付〟はすでに一目瞭然だった。「国際大試合」は三日間とも超満員札止めの爆発的な人気を呼び、力道山の日本プロレスは順風満帆のスタートを切った。

試合結果に隠されていた〝あるヒント〟

国技館三日間興行で大ブームを起こした初もののプロレスは、移動日をはさみ、二月二十三日の熊本から小倉(二十四日)、大阪(二十六、二十七日)、神戸(二十八日)、岐阜(三月一日)、名古屋(三月二日)、静岡(三月三日)、宇都宮(三月四日)、再び東京・蔵前(三月六日)、横浜(三月七日)と全国を転戦し、十七日間で十四興行を開催。その興行総収益は八千万円を超したといわれる。三月九日にはシャープ兄弟のプロデュースによる障害児基金募集のためのチャリティー公演(蔵前国技館)が追加された。

二月二十六日、二十七日の大阪府立体育館での二日間興行では、初日のメインイベントで、初めてコンビを組んだ力道山と山口がタッグマッチ(六十一分三本勝負)でシャープ兄弟と対戦。ノンタイトル戦ではあるが二—一のスコアで勝利をおさめ、大阪のファンを喜ばせた。大阪は山口主宰の全日本プロレス協会の本拠地だった。二日目のメインでは、力道山&木村がシャープ兄弟の世界タッグ王座に二度目の挑戦(六十一分三本勝負)。一本目はベンが木村をフォール

(三十三分十七秒)し、二本目はそのまま時間切れとなり、一—〇のスコアで王者チームが王座防衛に成功した。

シリーズ興行終盤、三月六日の蔵前では力道山&木村がシャープ兄弟の世界タッグ王座に三度目の挑戦。この試合でも一本目はベンが木村からフォールを奪い(三十三分三十三秒)、二本目は、大阪でのタイトルマッチと同様、そのまま六十一分時間切れとなり、一—〇のスコアでシャープ兄弟が三連続王座防衛に成功。この大会は日本テレビが独占放送した。シャープ兄弟はついにいちども敗れることなく、世界タッグ王座のトロフィーをアメリカに持ち帰った。この時代の王者の証はチャンピオンベルトではなく黄金のトロフィーだった。

一方、力道山はシングルマッチでもタッグマッチでも全国ツアー十四興行では一試合も敗れることなく、シャープ兄弟との三度のタイトルマッチでは三本勝負のなかの一本もフォール負け、ギブアップ負けを喫することはなかったが、三試合ともパートナーの木村が一本を失ったため、結果的に世界タッグ王座奪取には失敗。力道山がチャンピオンとなる感動的なシーンは"to be continued(つづく)"として次回興行へ持ちこされた。

"不世出の柔道家"木村は、プロレス初の「国際大試合」でどうやら負け役を演じてしまった。これがのちのちの惨劇のプロローグだったとは、このときはだれも予想していなかった。

第4章

昭和巌流島の決闘

力道山はなぜ木村政彦に勝たなければならなかったのか

力道山(右)対木村政彦(1954年12月，東京・蔵前国技館　提供：朝日新聞社・日刊スポーツ)

相撲にも柔道にもない〝タッグマッチ〟

力道山はいったいなぜ日本初の「国際大試合」の主役としてシャープ兄弟を招聘し、シングルマッチではなく、タッグマッチをこの興行の目玉に選択したのだろうか――。

『朝日新聞』の記事に「タッグ・レスリング(二人ずつ組んでリレー式にやる試合)」とあったように、一九五四(昭和二十九)年二月の時点では、新聞メディアもその読者である一般大衆も、アメリカから輸入されるプロレスというまったく新しいプロスポーツがいったいどのようなものであるかをまだわかっていなかった。

相撲も柔道も一対一で闘う格闘技であることはいうまでもない。一対一の闘いとは「一騎打ち」「真剣勝負」「果たし合い」「決闘」のイメージである。力道山は、相撲にも柔道にもなくて、プロレスだけにあるタッグマッチという試合形式を、あえて日本におけるこの新しいプロスポーツの導入部に設定した。五二年二月から五三年三月にかけての最初のアメリカ遠征、五三年十一月から五四年二月までの二度目のアメリカ遠征で、力道山がマスターしてきたプロレスラーとしてのスキル(技能・技量)は、シングルマッチのそれよりも、むしろタッグマッチのプレゼンテーション(見せ方、表現)だった。

サンフランシスコ・エリアをツアー中、力道山はプリモ・カルネラ、エンキリ・トーレス、ボボ・ブラジル、ロード・レイトンらプロレスラーとしてのタイプもエスニック的なバックグラウンドも異なるメインイベンターたちとタッグを組み、目の肥えたアメリカの観客のまえで試合経験を積み重ね、言語の壁のない〝観せるスポーツ〟としてのプロレスを学習した。それはまさに相撲にはなく、プロレスだけにあるプロレスならではの醍醐味、おもしろさだった。

タッグマッチには一対一の場面、二対一の場面、二対二の場面があり、それが同時進行したり中断したりしながら、セリフのない起承転結のドラマとしてひとつの試合が組み立てられていく。パートナーが敵チーム側のコーナーにつかまって集中攻撃（一対二）を受けることもあるし、敵チームのうちのひとりを自軍コーナーに引っぱり込んで攻撃（二対一）を加えることもある。パートナーとタッチをすればリング内に入ることができるが、レフェリーがそれを確認しなければ選手交代は成立しない。レフェリーがタッチを見落としてしまう場合もあるし、コーナーで待機していなければならないはずの選手がレフェリーの注意を無視して勝手にリングに入ってくることもある。反則行為があったときはレフェリーが反則カウントを数えるが、〝カウント五〟直前までの反則行為は反則とはならないのがプロレスのルールで、カオス状態のリング上で四選手が入り乱れての大乱闘に発展する場合もある。観客はこういうシーンのひとつひとつに一喜一憂する。タッグマッチには、シングルマッチでは味わえない、プロレスのエンターテインメントとしてのエッセンスがこれでもかというくらいつまっているのである。

力道山のプロデューサーとしての才覚

力道山は、一選手としてではなく、あくまでもプロデューサーとしての感性でタッグマッチを〝プロレス元年〟のプロローグにレイアウトしたのだろう。初の「国際大試合」のメインイベントが力道山対外国人レスラーのシングルマッチだったとしたら、一対一の闘いにはどうしても相撲や柔道のイメージがつきまとい、力道山はここで歴史的な大勝利を収めなければならない。しかし、ここで力道山が勝つと、プロレスのプロローグはそのままプロレスのクライマックスになってしまう。力道山は、このお披露目興行は、負けてはいけないけれど勝ってもいけない"to be continued"のドラマにしなければならないことを知っていた。

タッグマッチという試合形式にはもうひとつのメリットがあった。それは自分は負けなくてもパートナーが負ければ試合には敗れてしまうというゲーム性だった。シャープ兄弟との三度にわたるタイトルマッチでは、力道山がフォール負けを喫するシーンはただのいちどもなかったが、パートナーの木村政彦がつねに三本勝負のうちの一本を取られたため、ついに世界タッグ王座を手にすることはできなかった。タイトル奪取には成功しなかったけれど力道山の強さだけは一般大衆の記憶にインプットされ、近い将来、シャープ兄弟をまた日本に招いての再チャレンジへの期待は高まった。シャープ兄弟のそのまた先には、最大の目標として〝鉄人〟〝無敗のチャンピオン〟ルー・テーズとの世界ヘビー級選手権の日本開催があった。

力道山の頭のなかにはすでにそういった中長期的なプランが描かれていたが、ライブの観客と街頭テレビの前に集まった群衆は、この時点では〝相撲の力道山〟と〝柔道の木村〟が手を結んで世界の壁に挑むという文脈でシャープ兄弟とのタイトルマッチを観ていたし、木村もどちらかといえば〝柔道の木村〟のイメージのままプロレスのリングに立っていた。

初もののプロレスをテレビの電波に乗せた日本テレビには、街頭テレビを使ってテレビ文化を大衆に普及させるという大きな目的があり、正力松太郎にはテレビとプロレスのコンテンツをうまくミックスして復興ニッポンの国威発揚や士気高揚を図るというもうひとつのモチベーションがあった。そして、〝相撲の力道山〟ではなく〝プロレスの力道山〟として〝プロレス元年〟をきめ細かくプロデュースした力道山は、そのアイディアとビジョンにおいて、正力の戦後観よりもさらに一歩先の日本を見据えていたということになるのかもしれない。

対談記事にみる力道山のプロレス観

一九五四年に刊行された近藤日出造の『やァこんにちわ』という著作に力道山と近藤のひじょうに興味ぶかい対談が収録されている(「第二集」九月刊)。近藤(一九〇八―七九)は戦前から昭和後期にかけて活躍した漫画家で、おもに『読売新聞』紙上で政治家の似顔絵やひとコマの政治風刺漫画を描き、ルポルタージュ、エッセー、インタビューなども執筆した人物である。力道山はこの対談のなかでプロレスとはどういうスポーツであるか、プロレスと相撲の比較、決別した相撲社会に対する思いなどを語っている。対談が収録された時期は、シャープ兄弟との「国際大試合」のすぐあとと思われる。抜粋して引用していく。

近藤 講和会議の時、サンフランシスコへ行って初めてテレビというものを見ましたが、毎晩レスリングの放送やっていましてね。それが全部八百長でした。サンフランシスコでも八百長が隆盛をきわめているんじゃないんですか。

力道山 あれはサンフランシスコのレスリングじゃないんです。サンフランシスコでやっても、大体南部の人間のショウなんで、サンフランシスコの人間は、ほとんど八百長やりませんね。

近藤 ショウ・レスリングってのはまア相撲のショッキリみたいなもんですな。あればかりやられると腹が立ってくる。

力道山 日本じゃ怒るでしょうね。日本人は下手でも、まじめなのを喜ぶから……しかしショウができるということは、相当強いということですよ。〔中略〕

近藤 あなたは本気の方ばかりやっているんでしょう。

力道山 むろんです。アメリカには二千から三千ぐらいのレスラーがいるが本気専門のほんとに強いのはこの中の二、三十人ですね。あとはショウものばかりです。

近藤　あれで、よく客が来るもんですね。

力道山　八百長は八百長、ショウはショウで楽しむというのがアメリカ人ですね。しかしぼくもアメリカに行ってはじめはがっかりしたんです。はじめは八百長やるやつと顔をあわしたんですが、そいつがわしのところへ来て、体が痛いからきついことしないでくれと頼むんです。それが試合をやっているうち、こっちが加減をしているので自分に得意の手が取れたんですね。するとわしに頼んだくせに本気にやり出して、こっちにチャンスを与えない。結局こっちが腹を立てて、うんと投げたりひっぱたいたりしてやりましたが、とにかくそういうのが相当の実力は持っているんですよ。

（近藤『やァこんにちわ　第二集』）

まず、近藤はアメリカのテレビで目にしたプロレスを「それが全部八百長でした」と断言している。これに対し、力道山は「あれは（中略）南部の人間のショウ」「サンフランシスコの人間は、ほとんど八百長やりませんね」と返答し、プロレスのなかに「八百長」と「本気」とが共存しているというスタンスをとっている。八百長とは『広辞苑』に「明治初年、通称八百長という八百屋が、相撲の年寄某との碁の手合せで、常に一勝一敗になるようにあしらっていたことに起こるという」とあるように、そもそもが相撲由来の概念である。この対談がおこなわれた時点では、それよりほかに比較する対象がなかったため、相撲におけるガチンコ(真剣勝負)と八百長のロジックをそのまま用いてプロレスのなんたるかが論じられている。

力道山の相撲観

力道山はこの対談で相撲をやめた経緯や相撲社会の稽古の慣習に関連して、力道山自身の相撲観、スポーツ観を論じている。引用をつづける。

近藤 あなた、相撲の関脇までいってレスラーに転向した動機ってのは、何です?

力道山 別にレスラーになろうと思って相撲をやめたんじゃない。まアあの社会がちょっと面白くなくて、努力すれば何をやっても生きていけるだろうと思ってやめたのですが……新田建設の渉外部長をやったんです。新田さんは相撲の時からのひいきだったですから、相撲をやめたなら仕方がないからうちに来てくれ、というので、仕事も二年いる間に一億円ぐらい取った。

近藤 商才もヘヴィ・ウェイトだな。(笑声)

力道山 その時アメリカからボクサーのジョー・ルイスその他六、七人のレスラーが来た。その連中が、ぼくの身体を見て練習してみないかというので、やってみようかというと、まず倒しっこをはじめたんですよ。それでぼくを倒そうとしたが、倒れるわけはない。あの時も三十二貫〔百二十キロ〕ありましてね、ぼくが倒れないのでみな震えちゃって、お前アメリカに行ったら当るぞ、とものすごくほめるんです。それで、ついこっちは乗ったわけです。

〔中略〕

近藤　〔中略〕お相撲からレスリングにいったというので、いろいろ取りざたするんですよ。どうです、相撲の世界は古くさい大時代の世界だという気がしませんか。

力道山　いいにくいことですが、ぼくはそう思ってますね。

近藤　何しろちょんまげを頭に乗っけている世界だ。

力道山　結局ですね、今の相撲は――われわれそんなこと言えた立場でないのですが、何もこうしたらいいという意見ではないのですが、三百六十五日、毎日けいこするんです。毎日けいこして、わずか十秒か三十秒以内に半分以上の勝負がつくんですよ。結局日本の国技とかなんとかいっても、見世物ですよ。商売です。何百年という昔からの国技だから、ルールは変えられないかもしれないけれども、時代の波にそっていくのがスポーツではないかと思うんです。十秒か三十秒で勝負がつく、という点を日本的だといってほめる人もいますけれども、ぼくら正直にいって、実にあっけなくて物足らないと思うんですね。お客にほんとうにスポーツを堪能してもらう、ということにならないような気がしますね。（同前）

ここで力道山は廃業した相撲に対する思いをきわめてストレートに語っている。力道山にとって相撲とは「国技とかなんとかいっても、見世物」「商売」であり、「三百六十五日、毎日けいこ」をしても「十秒か三十秒で勝負がつく」という競技のあり方を「正直にいって、実にあっけなくて物足らない」とふり返っている。力道山は「時代の波にそっていくのがスポーツ」であるととらえ、その理想は「お客にほんとうにスポーツを堪能してもらう」こと。このあたりのコメントに力道山がプロレス——見せるスポーツ、魅せるスポーツ——に求めていたイメージをみてとることができる。

プロレスラー力道山の国際的感覚

力道山は相撲社会の経済的な成り立ち、部屋制度のあり方を旧態依然としたものとして批判的にとらえ、アメリカで目撃してきたスポーツ環境との差異を論じている。

近藤　しかも不思議なのは関取衆の相当な人が、自分の経済がどういうふうに成立っているかということを知らないんですね。

力道山　事実、よくわからないんです。とにかく相撲の収入より、ひいきからの収入が多いことは間違いないんですが……。

近藤　そこが何か不健全だな。〔中略〕

力道山　十五日間で何千万円かの金があがるわけですが、力士にいく分は五百万円ぐらいのものでしょう。どういう勘定になっているのかわからんですよ。五百万円といっても力士は何百人とおるんです。横綱は相当もらうんだし……。〔中略〕

近藤　相撲の部屋の制度をどう思います。〔中略〕

力道山　〔中略〕部屋制度には反対しないんです。部屋に入ったら掃除から飯たきからやる。これも非常に古風ですが、そういうことがあるから、まア人間の修業もできると思いますね。ですが、いけないのは兄弟子が必要以上にいじめることですね。それで敵がい心が非常におきて、かえっていい、ということもいえますが……。

近藤　日本的なよさというやつですよ。人権じゅうりんするところに日本的なよさというやつがある。どうもいやなよさですな。

力道山　〔中略〕アメリカでは人口二、三十万の市ならば、シグレージム《原文ママ》というのがあります。ここへ行くとボクシングでも、重量挙でも、レスリングでも何でもその中にあります。〔中略〕アメリカに行って全部回って見ましたが、相撲の部屋のような荒っぽい言葉を使いませんね。〔中略〕交通が発達して世界が狭くなり、昔ならアメリカに行くのには、四十何日かかったのだけれども、アメリカで、きょう、ものが発見されると、あすは日本でわかるという時代に、ほかの国では通用しないような、やり方でいこうというのはまずいですね。〔中略〕ちょんまげは残していっていいです。あれは宣伝道具ですから。

近藤 そう、あれは特色だ。

力道山 外人が相撲見に行って、ちょっと横を向いたら、その間に勝負が終っていたというようなことが、やはり一番問題ですよ。（同前）

ここで力道山は大相撲力士の収入について「相撲の収入より、ひいきからの収入が多い」ことにはっきりと言及している。近藤はそういう不可解な状況を「そこが何か不健全」と断じているが、力道山は「まア人間の修業もできる」と部屋制度そのものについては反対しない立場であることを示しつつ「いけないのは兄弟子が必要以上にいじめること」、アメリカのジムでは「相撲の部屋のような荒っぽい言葉を使いません」と日本とアメリカを比較。相撲社会をとりまく環境を「ほかの国では通用しないような、やり方でいこうというのはまずい」と結論づけている。このあたりが、相撲社会を捨ててアメリカの生活を体験した力道山が身につけてきた自由な発想、国際的感覚ということになるのだろう。

ただし、ちょんまげについては「残していっていい」「宣伝道具ですから」とその文化的な意義とビジネス的なメリットのふたつの異なる価値をどちらも認めている。アメリカで広く大衆に愛されているスポーツ・ビジネスとしてのプロレスを学習してきた力道山は、プロレス＝西洋相撲の視点から日本の相撲を客観視するようになっていたのである。

プロレスの〝むずかしさ〟

この対談の締めくくりとして、力道山は相撲とプロレスを対比し、プロレスの試合における技術のディスプレーとそのむずかしさを強調している。

力道山　まア近藤さん、今後を見たらわかりますがね。だれでもレスラーになってやっていけるものじゃないです。

近藤　そりゃそうでしょう、漫画家でさえそうなんだから。（笑声）

力道山　レスリングは逆を取る、これは折っちゃいけない。（腕を背に回してねじって見せる）折るまでの勝負じゃない。

近藤　人殺しとはちがうんですね。

力道山　ルールの範囲内で、これを引っかけると、向こうはあやまればいいけれども、あやまらなければ負けになるという事は知っている。同時におれの手を折らないことも知っている。だから我慢できる。それを我慢させないで、しかもルールの中であやまらせる、という技術は実にむずかしいんですよ。打っていい場所といけない場所がいろいろあって、このむずかしさを乗り越えていく、ということがまアだれにもできることじゃないんですね。〔中略〕

近藤 太鼓腹の力士はレスラーにはなれないかな。

力道山 ダメです。全然ダメです。相撲の太鼓腹はほかのものには通用しませんね。〔中略〕食べすぎるんですね。それと、ああいう形になるというのは、相撲のけいこのバランスがとれていないということなんですよ。〔中略〕

近藤 シャープっての、兄弟で世界選手権をもってるんですね。

力道山 二人の選手権です。個人の重量選手権はセントルイスのル・テーズという人がもっています。強い人ですよ。

近藤 その人とやったことありますか。

力道山 ええ、もっと勉強して今度ちょう戦しようと思っています。

近藤 日本人が、世界選手権を遠からず取りゃしませんか。つまりその日本人てのはあなたのことなんだが……。

力道山 こないだの工合《ぐあい》ではたいしたことないな、と思いましたが……。

(同前)

「レスリングは逆を取る」「これは折っちゃいけない」「折るまでの勝負じゃない」というくだりは、力道山自身が解説するひじょうにめずらしい〝プロレスの定義〟であり、たいへん貴重なコメントの数かずである。「逆を取る」はいわゆる相撲用語で、手首、ヒジ、肩などの関節を曲がらない方向に曲げるという意味だが、ここではプロレスのサブミッション＝関節技の攻防について明確に「折っちゃいけない」「折るまでの勝負じゃない」としている。

力道山のコメントのやや説明不足の部分をあえて補足するならば「向こうはあやまればいいけれども」は〝対戦相手は関節技がキマッたらギブアップすればいいけれど〟で、「同時におれの手を折らないことも知っている」は〝それと同時におれも対戦相手がおれの手を折らないことを知っている〟となる。「それを我慢させせないで、しかもルールのなかであやまらせる」は〝関節が外れる、骨が折れるところまで攻めることはせず、紙一重のところでギブアップさせる〟ことを意味し、そのあたりの「技術は実にむずかしい」と語っている。

「打っていい場所といけない場所がいろいろあって」は、空手チョップ、パンチ、キックなどの打撃による攻撃についてで、胸板や腹筋など鍛えているところは殴っても蹴ってもいいが、顔面やアゴ、頸動脈、脊髄など人体の急所は狙ってはいけないという暗黙のルールを指している。ここで力道山が「このむずかしさを乗り越えていく」と「乗り越えていく」という表現を用いている点は興味ぶかい。プロレスの(試合の)なかには自分の力だけ、自分の技量だけ、自分の判断だけでは成り立たない領域が存在し、そのあたりには力道山さえもまだ到達していない、乗り越えていかなければならないむずかしさがあるということなのだろう。

対談の最後のところで力道山は「個人の重量選手権」のチャンピオンとして「セントルイスのルー・テーズという人」の名をあげて「強い人ですよ」と前置きをしてから「たいしたことないな、と思いましたが……」とむすんでいる。このセンテンスはテーズがやがて日本にやって来ることの〝予告編〟になっていたことはいうまでもない。

〝プロレス元年〟に力道山、木村派、山口派の鼎立

力道山、木村政彦、山口利夫の〝三強〟が一堂に会したのはシャープ兄弟が初来日し、街頭テレビでプロレスが大ブームを巻き起こした一九五四年二月の「国際大試合」の一回だけだった。山口主宰の全日本プロレス協会(松山庄次郎会長)は、東京の日本プロレス協会にならい、同年三月十四日、十五日、十六日に本拠地・大阪の大阪府立体育館で三日間の興行を開催。同二十三日、二十四日、二十五日には東京・蔵前国技館でも三日間の連日興行に打って出た。

山口派のメンバーは山口と清美川、長沢《ながさわ》日一《かいち》(元出羽海部屋・幕下—実業団相撲)、吉村道明(元学生相撲)ら新人。この大阪と東京の興行には木村、木村派の大坪清隆(元実業団柔道)、立ノ海

（元立浪部屋・幕下）らも参加し、外国人組としてブルドッグ・ブッチャー、ジャック・ベイカー、ストラングラー・オルソンら駐留米軍兵士グループも出場した。しかし、テレビ放送はなく、それほど話題にもならず、興行的には失敗。その後、木村は五月に故郷の熊本に国際プロレス団を設立し、小規模ながら地方巡業を開始した。〝プロレス元年〟に日本プロレス協会、全日本プロレス協会、国際プロレス団の三団体がすでに存在していた。

力道山の日本プロレス協会は、同年八月、二度目の「国際試合」としてハンス・シュナーベル、ルー・ニューマンの太平洋岸タッグ王者チームを招聘。八月六日、七日、八日の東京体育館での三日間興行を開幕戦に初の全国縦断ツアーとして北海道（札幌、旭川）から東北（弘前、秋田、山形、福島、仙台）、中国（岡山、広島）から四国（松山、高松）、九州（福岡、小倉、佐世保、長崎、大分）、関西では大阪、京都、神戸、関東では水戸、宇都宮、高崎、横浜などを転戦。最終戦（九月二十一日）の東京まで四十六日間の日程で全三十六興行を開催した。

シャープ兄弟が立ってよし寝てよし、技とパワーのオールラウンド・プレーヤーで、そのたたずまいは洗練されたジェントルマンのイメージであったのに対し、シュナーベルとニューマンのコンビはいわゆる悪役のラフファイターだった。日本側がベビーフェース＝善玉、外国人チームがヒール＝悪玉というレイアウトは単純明快で、反則攻撃の限りを尽くす外国人レスラーに対して日本組が正統派のレスリングで闘うという図式もたいへんわかりやすかった。初めて目にする悪役レスラーのダーティーな試合ぶりに日本じゅうが驚き、興奮した。

シリーズ興行序盤の東京三連戦の三日目(八月八日)、力道山&遠藤幸吉がシュナーベル&ニューマンの保持する太平洋岸タッグ王座に挑戦したが、二―一のスコアで王者チームが王座防衛に成功。つづいて、九月十日、大阪府立体育館でも力道山&遠藤が再びシュナーベル&ニューマンのタッグ王座に挑戦。この試合では一本目を遠藤が反則勝ち、二本目は力道山がシュナーベルをフォールし、二―〇のスコアで力道山&遠藤が太平洋岸タッグ王座を獲得。これが日本のプロレス史上初のチャンピオン誕生のシーンだった。力道山&遠藤は全国縦断ツアー最終戦、九月二十一日の東京体育館大会で前王者チーム、シュナーベル&ニューマンとのリターンマッチを二―一のスコアで退けて王座初防衛に成功した。

新パートナーの起用と新人のデビュー

木村、山口と袂《たもと》を分かった力道山は、この「国際試合」から遠藤幸吉を新パートナーに起用した。力道山と正式にタッグチームを組んだ遠藤は、初めてメインイベンターとしてリングに立ち、力道山とのコンビでタッグ王者になった。シャープ兄弟の世界タッグ王座は奪えなかったが、シャープ兄弟よりも実力でも格でも一枚落ちるシュナーベル&ニューマンの太平洋岸タッグ王座はしっかり手中に収め、それまで木村や山口よりもポジションの低かった遠藤の〝番付〟を一気に上げるという流れは、力道山ならではのプロデュースということになるのだろう。

全国縦断ツアー中の一九五四年九月八日、元幕内力士で二所ノ関部屋では力道山の後輩だった芳の里が――九月四日の時点ですでにマゲを切っていた――いきなり大阪に現れ、力道山にプロレス転向を直談判した。当時、二所ノ関部屋では部屋の継承をめぐる分裂騒動があり、そこからの突然の廃業だった。力道山は「じゃあ、試合に出ろ」と返答し、芳の里はそれから三日後の九月十一日、神戸市王子体育館で柔道出身の新人・宮島富男を相手にプロレスラーとしてデビュー。この巡業では芳の里、宮島、ユセフ・トルコ、田中米太郎、阿部修、卓詒約ら新人がデビューし、力道山の側近の元小結・九州山もレフェリーとしてデビューした。

日本テレビは東京(八月二十五日、九月二十一日)と大阪の三連戦(九月八日、九日、十日)をそれぞれテレビ放送。首都圏、関東一円の街頭テレビも人気があったが、このときは全国各地のホテルや公共施設のロビーなどにもテレビが設置され、飲食店、喫茶店が〝テレビリングサイド席〟としてプロレス中継を有料で見せる便乗ビジネスを始めた。また、商店街の家電販売店のショーウインドーに飾られたテレビの前にも群衆が集まり、ガラスが割られたり、店頭の壁が倒れてケガ人が出たりするなど各地でブームの副産物的な混乱が起きた。テレビが一般家庭に普及するまでにはもう少し時間がかかった。

そして、力道山を絶対的な主人公とする――戦後ニッポンの復興の象徴としての――プロレス人気が沸騰するなか、十一月一日、〝柔道の木村〟が力道山への挑戦を表明した。

木村が力道山に挑戦表明

日本のプロレス史において、その歴史的な位置づけから最も重要と思われるふたつのできごとは、いずれも一九五四年の〝プロレス元年〟に起きている。ひとつめはシャープ兄弟が来日して日本で初めてテレビでプロレス中継がおこなわれた「国際大試合」で、もうひとつは力道山と木村政彦による〝昭和巌流島の決闘〟である。

木村が力道山への挑戦を表明したのは五四年十一月一日。それは『朝日新聞』に掲載されたちいさな囲み記事から始まった、あるいは始まったことになっている。記事のタイトルは「日本選手権かけ力道山に挑戦 プロ・レスラー木村選手声明」だった。

【岐阜発】三日から岐阜市民センターで行われるプロレスリングの国際試合に出場のため三十一日朝熊本から来岐したプロ・レスラー木村政彦選手(三六)は同日午後二時半朝日新聞岐阜支局で力道山との間に全日本選手権を争いたいと声明した。(中略)同選手は力道山の主宰する日本プロ・レス協会に対抗して国際プロレスリング団を結成、熊本に本部、京都、岐阜に支部を置いてプロ・レスリングの普及に努めることとなった。今度の挑戦は柔道畑と相撲畑出身のプロ・レスリングの決戦で事実上プロ・レスの王者が決るわけ。木村選手の挑戦に力道山が応ずれば来春一月早々東京、大阪名古屋で三試合を行う予定。

木村選手談　力道山はゼスチュアの大きい選手で実力はなく、私と問題にならない。今度挑戦したのは力道山のショー的レスリングに対し私の真剣勝負で、プロ・レスに対する社会の批判を受けるつもりで挑戦した。試合は六十一分、三本勝負であるが二十分以内に力道山をフォールする自信がある。

（『朝日新聞』大阪版、一九五四年十一月一日付）

木村はここで「力道山はゼスチュアの大きい選手で実力はなく、私と問題にならない」とコメントしている。これまでの定説では、力道山とタッグを組んだシャープ兄弟との試合で引き立て役にされて負け役をやらされたことに不満をもった木村が、新聞紙上で力道山との対戦を要求したとされてきた。

だが、そういった意味の木村の発言はこの記事のどこにも見当たらない。「力道山の主宰する日本プロ・レス協会に対抗して国際プロレスリング団を結成」は、力道山と木村があくまでも対等な立場――プロレスラーとしてのキャリアでは木村のほうが八カ月ほど先輩――にあることを示していて、「プロ・レスリングの普及に努めることとなった」という記述からは『朝日新聞』が、あるいはこの記事を執筆した記者が、力道山ではなく木村を擁護するポジションを選択していたことが読みとれる。

「力道山のショー的レスリングに対し私の真剣勝負で」という部分はおそらく木村の真意で、「プロ・レスに対する社会の批判」とあるのは、この時点ですでに〝プロレス八百長論〟が顕在化、一般化していたことを指している。『朝日新聞』がそういう情報をすでに入手していたかどうかについては判然としないが、記事は「木村選手の挑戦に力道山が応ずれば」と前置きしたうえで「来春一月早々東京、大阪名古屋で三試合を行う予定」としている。この〝三試合〟と〝予定〟に関しては、取材の過程で木村が『朝日新聞』の記者に語ったことだったのかもしれない。

不自然なほど短期間で正式決定した「日本選手権」

力道山と木村の闘いについては、この試合が実現するまでの経緯や不可解な試合結果、そのダークサイドや真相らしきものがこれまでも新聞・雑誌の記事、単行本、劇画、映画などでくり返し描かれてきた。しかし、この試合を実際に現場で取材した記者たち、この興行にかかわった関係者、団体スタッフ、力道山と木村に近い距離にいた人たちはそのほとんどがもうこの世にはいない。これからさらに新事実や新しい証拠が発見、発掘される可能性もきわめて低い。

だから、いまできることは、活字として残されている情報群をもういちど整理整頓して、史実の近似値を求めていく作業だろう。力道山のプロレスを揺るぎないものとしたこの〝昭和巌流島の決闘〟の実態に近づいていくことは、力道山という不世出のスーパースターに投影された戦後ニッポン——戦後の社会、戦後の大衆、戦後のメディア——の歩みをより立体的に理解するための視座をもつことにつながってくるのである。

この『朝日新聞』大阪版の記事が東京に伝わったあと、力道山はすぐに木村の挑戦を受諾した。数日後、日本プロレス協会の永田貞雄常務理事が熊本の木村のもとを訪れ、試合の日時とファイトマネーについての会談を持ったが、このときは結論は出なかったとされる。それから三週間後の十一月二十六日、こんどは木村が上京し、東京・千代田区神田橋の千代田ホテルで記者会見を開き、力道山に正式に対戦を申し入れた。試合ルールについては「両者で話し合うこと」「四十五分一本勝負になるであろう」ことが木村サイドから発表された。

その夜、両サイドの代理人による話し合いが持たれ、翌二十七日、木村が映画『力道山物語　怒濤の男』を撮影中の力道山を松竹大船撮影所に訪れ、ここで日本プロレス協会理事が同席しての対戦契約書調印式がおこなわれ、同試合が「初代日本ヘビー級選手権決定戦」として開催されることも併せて発表された。ここまでの展開を順を追ってみていくと、木村の挑戦表明から力道山による受諾、試合開催の正式発表、調印式、日本ヘビー級選手権制定、記者会見までが不自然なくらい短期間でスムーズに進行していったことがわかる。

試合の日程と場所は、木村側が東京と大阪での二試合開催、東京での開催日は十二月二十八日を希望したとされるが、年末にアメリカ遠征を予定していた力道山は十二月二十二日を提示。結果的に力道山側が示した日程で両者が合意し、場所は蔵前国技館と決定した。

ファイトマネーについては、通常のギャランティー制ではなく合計金額百五十万円から勝者に七十パーセント(百五万円)、敗者に三十パーセント(四十五万円)が配分される賞金マッチとなることが報じられたが、実際は——真偽のほどはさだかではないが——その倍額の総額三百万円、勝者に二百十万円、敗者に九十万円が用意されたともいわれている。

試合ルールは、木村の「四十五分一本勝負」案に対し力道山が「国際ルールによる六十一分三本勝負」を主張した。レフェリーについては沖識名、九州山のふたりが候補にあがったが、いずれも日本プロレス協会所属であるため木村サイドがこれを拒否。ハワイ在住のトレーナーで、日系アメリカ人のハロルド登喜の起用が決まった。おそらく、木村はこのとき、力道山がハワイでの修行中に現地在住の登喜と親しい関係にあったことを知らなかったのだろう。

力道山と木村による初代日本ヘビー級王座決定戦が正式決定すると、それから三日後の十一月三十日、大阪の山口利夫(全日本プロレス協会)が「この試合を日本選手権とは認めない。しかし、力道山—木村戦の勝者が早急に私の挑戦を受諾すればこれを日本選手権と認める」との声明を発表した。木村は書面で「不肖木村が運よく勝利を得たときは喜んで挑戦を受ける」と返答し、その後、力道山も第三者を介して山口の申し出に同意した。

力道山、木村、山口の三者が合意したことで準備委員会が設立され、試合の前日、十二月二十一日付で日本プロレス・コミッションが発足。酒井忠正・日本プロレス協会会長がそのまま初代コミッショナーに就任した。日本プロレス協会、国際プロレス団、全日本プロレス協会の三団体が合意してのコミッショナーが誕生したことで新設される日本ヘビー級選手権に権威づけがなされ、これと同時に〝プロモーター力道山〟は木村と山口に対し、その組織力でプロレス界全体の外堀を埋めたのだった。

「力道、木村をけり倒す」

力道山対木村政彦の日本ヘビー級選手権試合が開催されたのは一九五四年十二月二十二日。場所は蔵前国技館。観客数は新聞報道では「一万五千余の大観衆」。二千円のリングサイド席チケットのヤミ値は五千円とも九千円ともいわれる高額にはね上がった。

試合開始は午後六時三十分。日本プロレス協会所属の若手選手によるシングルマッチ三試合、日本プロレス協会と木村の国際プロレス団の対抗戦四試合の計七試合が前座としてラインナップされた。団体対抗戦は二勝二引き分けで力道山の日本プロレスが勝ち越した。

バックステージではメインイベントの直前まで力道山と木村のふたりだけによる会談がおこ

なわれ、そのため試合開始時間が大幅に遅れた。そこでどんなことが話し合われたかは、本人たちしか知らない。テレビはＮＨＫと日本テレビが実況中継し、ラジオはＮＨＫ第二が午後八時五分から九時まで生放送したが、試合開始が九時十五分となったため、番組内では力道山対木村のタイトルマッチが放送できなかったというエピソードがある。

「六十一分三本勝負」でおこなわれたタイトルマッチの一本目は、プロレスの基本であるカラー・アンド・エルボーの組み合いからクリーンに開始。序盤戦は静かな展開がつづき、力道山はフロント・ヘッドロック、ベアハッグの体勢からのテイクダウン、ボディースラムといったプロレス技で木村を攻め、木村は柔道技の一本背負い、スタンディングからグラウンド（寝技）へ、グラウンドから再びスタンディングの体勢に戻っての腕がらみでこれに対抗した。

十五分が経過したあたりで、木村の左のキックが――映像で確認できる――力道山の下腹部に当たったように見えた（**図4-1**）。それはアクシデントだったかもしれないし、試合後に力道山が主張したように急所攻撃だったかもしれない。ただ、相手の股間を意図的に下から蹴り上げる反則行為であるならば利き足の右足を使うように思われるが、木村は左足を出していた。次の瞬間、力道山の顔色が変わり、いきなり右のコブシで木村の顔にパンチを入れた。ここから約三十秒間、力道山の猛攻がつづいた。パンチ、張り手、手刀、現代の格闘技用語でいうところの掌底（手のひらの手首に近い固い部分を使った打撃）で左右から木村の顔を殴り、キャンバスに尻もちをついた木村の顔面を三回、下から蹴り上げた。

　レフェリーのハロルド登喜がロープサイドで両者を分け、木村はいったん立ち上がったが、力道山は攻撃の手を緩めず、左右からの張り手、掌底の打撃攻撃をさらに二発、木村の顔面に放っていった。木村は〝大の字〟にあたる仰向けの状態ではなく、うつ伏せになってダウンし、キャンバスに顔をつけたままレフェリーのテンカウントを聞いた。一本目は十五分四十九秒、力道山のノックアウト勝ちとなったが、二本目はドクターストップ（木村の試合放棄）の裁定。結果的に、三本勝負は一本目が終了した時点で試合終了となった。凄惨な試合だった。

　この試合の一部始終をくわしく報じた『毎日新聞』のスポーツ面の大見出しは「力道、木村をけり倒す」だった（**図4-2**）。これに「プロ・レス初の日本選手権試合」「15分49秒でドクター・ストップ」「争われぬ実力の差」「足の裏ならけってもよい」「〝良心に恥じぬ試合だ〟」という中見出し、小見出しがつづいた。記事を執筆したのは、紙面にクレジットはないが、前章でもふれた伊集院浩と呉政男の〝プロレス班〟両記者。重要なポイントだけ

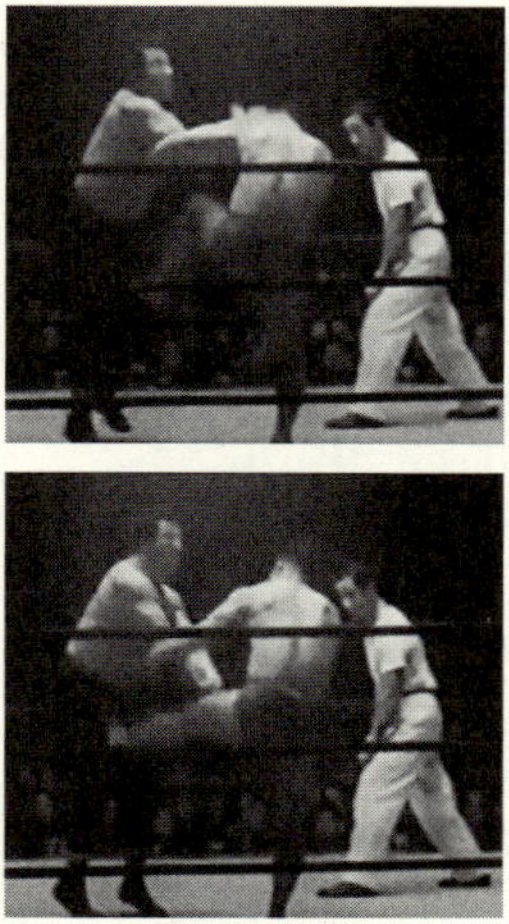

図4-1　木村政彦が力道山の下腹部を蹴ったとされる場面

スポーツ

プロ・レス初の日本選手権試合

力道、木村をけり倒す

15分49秒でドクター・ストップ

争われぬ実力の差

足の裏ならけってもよい

"良心に恥じぬ試合だ"

"僕はクツでふまれたものだ"

図 4-2 『毎日新聞』1954 年 12 月 23 日付の記事

引用していく。

角界の生んだプロ・レスリング界の第一人者力道山は最初から木村を怪力で投げ、あるいは突き倒して木村得意の寝わざに入る余地を与えず終始優勢のうちに試合を進め一本目15分49秒止めのけりで木村を倒し、木村は右まぶた上に二針の裂傷を負い入歯もふっとんで鮮血にまみれ、全く戦意を喪失、ついにドクター・ストップを宣せられた。かくて力道山は初の栄えある日本選手権者となり、チャンピオン・ベルトを獲得した。〔中略〕

力道山談　リングにのぼってから二度も木村は引分で行こうといった。自分から挑戦しておきながらこんなことをいうのはとんでもないことだと思った。〔中略〕その直後彼がぼくの急所をけってきたので、しゃくにさわり、遠慮していた空手打を用いてあのようにたたきのめす結果になってしまった。木村はぼくに反則があったといっているがツマ先でけったのではなく足の裏でけり、ゲンコツで打ったのでもない。決して反則はおかしてない。自分としては良心に恥じない試合をした。

木村政彦談　力道はクツのカカト、ツマ先、コブシ、ヒザなどを使って打って反則は四、五回あった。ぼくとしては一回の反則もおかしてない。〔中略〕力道山はぼくが引分けようといったという話だが、そのようなことを彼がいったとしたら彼の心理状態を疑いたい。〔中略〕それだから私としては引分にしてくれなどスポーツマンシップに反するようなことは絶対いわない。

（『毎日新聞』一九五四年十二月二十三日付）

〝残酷な結末〟と〝やるせないあと味〟

この試合を実際に現場で取材した小島貞二と鈴木庄一の記事から引用していく。いずれも試合の直後に書かれたリポートではなくて、それぞれに一定の時間をおいてから、冷静な視点でつづった回顧録である。小島の記事は『プロレス＆ボクシング』誌に掲載された「連載読物マット縦横」の第三話「力道山・木村決戦篇」から。一九一九（大正八）年三月生まれの小島が、三十五歳のときに蔵前国技館の記者席から観た試合を、それからさらに九年後の六三（昭和三十八）年十一月ごろ、四十四歳になってふり返っている。

私(筆者)は、その試合を、リングサイドからつぶさに見た。〔中略〕息づまる緊張の中、ゴングとともに、両者はパッととび出した。さまざまな下馬評と風評の中、土俵の鬼だった力道山と、柔道の鬼だった木村がいまプロレスという新しい闘技ルールの中で、日本一を競うのだ。こんなことは、講談や小説の中の空想ではゆるされても、現実となって日本人の目にさらされたことはなかった。史上初めてのことなのだ。テレビを通じ、ラジオを通じ、日本中がみんな見ている、きいている。〔中略〕

緒戦は立ちわざからはじまった。力道山が木村を腕取りから投げる。こんどは木村が、腰投げでかえす。両者ともすぐはね起きる。力道のヘッド・ロックも、すぐはずれる。木村が白い歯を見せて、ニタッと笑う。真剣勝負という緊迫感からはほど遠い。

(小島「マット縦横(3)力道山・木村決戦篇」)

小島は「土俵の鬼だった力道山と、柔道の鬼だった木村がいまプロレスという新しい闘技ルールの中で、日本一を競う」「こんなことは、講談や小説の中の空想ではゆるされても、現実となって日本人の目にさらされたことはなかった」「テレビを通じ、ラジオを通じ、日本中がみんな見ている、きいている」とこの試合の意義とそのスケールの大きさを説明している。序盤戦の展開を伝えるところでは「木村が白い歯を見せて、ニタッと笑う。真剣勝負という緊迫感からはほど遠い」と記述。どうやら、小島はかなり早い段階で異変を察知していた。

やがて十五分の声をきいたとき、均衡はにわかに乱れた。

ロープ……国技館の西方を背にしたロープに押し込まれた木村が、右足《原文ママ》をあげて、いきなり力道山の下腹部を蹴った。蹴ったというより、短い足をいっぱいにのばしたといったふうに見えた。腹のあたりを足で蹴ることによって、力道山の接近をふせぐ位の意志だったようだ。〔中略〕

大きくとび下がった力道山の表情に、怒りが光った。

力道山は、やにわに空手をひっこぬいた。一つ、二つ、三つ、四つ……物凄いばかりの空手が、木村の首に、胸に叩き込まれた。

ぐらっとくずれる木村……そいつを、力道山は靴の甲（これは反則ではない）で、下からキックまたキック……。〔中略〕

木村は遂に、起つことを放棄した。〔中略〕

こうしてこの試合は何とも救いのない、残酷な結末を遂げたが、やるせないあと味は、その後まで尾を引いた。

（同前）

力道山が突然、常軌を逸したような攻撃を仕掛けていった原因とされる木村による急所蹴りについて、小島は「いきなり力道山の下腹部を蹴った。蹴ったというより、短い足をいっぱいにのばしたといったふうに見えた。腹のあたりを足で蹴ることによって、力道山の接近をふせぐ位の意志だったようだ」と分析している。「残酷な結末」「やるせないあと味」という記述は、〝昭和巌流島の決闘〟を現場で取材した記者の偽らざる心情なのだろう。

「両雄並び立てぬ力道山と木村」

鈴木庄一は日刊スポーツ新聞の記者としてこの試合を取材した。一九二三年生まれの鈴木は、小島貞二よりやや若く、力道山とは同年代。以下は鈴木が七五年一月から七九年六月まで四年五カ月にわたり『プロレス』誌に連載した「日本プロレス史」の第六回「国技館のマットを血に染めた両雄並び立てぬ力道山と木村」からの引用。三十一歳でこの闘いを目撃した鈴木が、それから二十一年後、五十二歳の筆で歴史的な一戦を総括している。第1章でふれたとおり、鈴木は力道山の自伝本のゴーストライターであり、力道山とは近い距離にあったが、ここでは木村との交流についても記している。

15分を過ぎたとき、木村が力道山の下腹部を蹴り上げた？

途端に力道山の空手チョップがうなり、張り手が木村に飛んだ。木村がロープによろめく。力道山は足の甲で木村のあごを蹴る。右手の手刀が木村の首を見舞う。

木村はうつ伏せに倒れ、血へどを吐く。レフェリー登喜のカウントは10を数えた。木村は立てない。

コミッション・ドクターがリングに上がり、血だるまの木村の容態をみて「試合続行不可能」と診断する。レフェリー・ストップ、15分49秒で力道山が2―0で木村を破って、初代日本ヘビー級チャンピオンの座につく。〔中略〕

宿舎に戻った木村は「初めからこのくらいのことは覚悟していた。〔中略〕」といった。その言葉は非情の世界に生きる勝負師のそれであったが、潔よかった。〔中略〕

私はその後もなんどか木村さんと、人を避けての酒席を持ったがそんなこと〔引き分けの申し入れ〕をいう木村さんではないことを信じて、一度もそれに触れたことはないし、木村さんもあの試合のことに関しては口を開かない。木村さんは男である。

〔中略〕勝った力道山にもゴウゴウの批判が起こる。それは創成期の踏まねばならなかった一つの課程だったのか、そして過渡期の一つの現象であったのか。

（鈴木「国技館のマットを血に染めた　両雄並び立てぬ力道山と木村」）

力道山と木村は、年が明けて一九五五年二月十日、都内の料亭で会談の場を持ち、握手を交わして和解した。いっしょに食事をし、酒を酌み交わし、わだかまりを水に流したとされる。話し合いを仲介したのは、力道山と日本プロレス協会のブレーンのひとりで、のちに日本プロレス・コミッション事務局長となる工藤雷介だった。工藤は拓殖大学柔道部では木村の師匠・牛島辰熊師範の弟子――牛島も工藤も戦前から戦中にかけて右翼運動家として活動していた――で、牛島門下では木村の先輩にあたる。

この記事のなかで鈴木は「私は〔中略〕一度もそれに触れたことはないし、木村さんもあの試合のことに関しては口を開かない。木村さんは男である」と述懐しているが、同記事が『プロレス』誌に掲載されてからさらに八年後、力道山没後二十年にあたる一九八三年、木村は『ナンバー』誌(一九八三年三月五日号)のインタビュー取材を受けた。第1章で紹介した井出耕也のルポルタージュが掲載された「力道山特集」のなかの記事である。記事のタイトルは「〈インタビュー〉〝柔道の鬼〟木村政彦・宿敵を語る「私と力道山の真相」」。木村はこのとき六十五歳で、長らく勤めた拓殖大学教授のポストを同年三月いっぱいで退任することが決まっていた。

木村が語った〝真相〟

タイトルが指し示すとおり、このインタビュー記事は『ナンバー』誌が木村に語らせたプロレス観、力道山観、そしてあの試合の〝真相〟である。サブタイトルは「プロレスか柔道か？格闘技の王座を賭けて戦ってから29年。今、伝説のベールを自ら剝ぐ」で、リード文には「格闘技に命を賭けた男の、いまの時代では考えられぬ、激しい怨念の物語」とあり、そのアプローチは活字メディアのセンセーショナリズム、スキャンダリズムとカテゴライズできる。

「プロレスか柔道か？　格闘技の王座を賭けて――」の部分は、きわめて不正確で、木村は柔道家として力道山と闘ったわけではない。プロレスラー木村政彦とプロレスラー力道山による純粋なプロレスの試合であり、そこで争われたものは格闘技の王座ではなく、初代日本選手権というプロレスのチャンピオンシップだった。

木村はまず力道山と知り合ったきっかけを「シャープ兄弟が来たときに、応援してくれないか、というような依頼があった」「力道山もプロモーター的資格を持っておった」と語り、プロレスラーというよりはプロモーターとしての力道山に協力したとふり返っている。

木村　〔中略〕プロレスというのは、勝ち負けということに関してプロモーターに一任しなければならないわけだね、だから〔力道山と〕二人で構想を練るんだ。このときは勝つけれども、このときは負けるんだ、というようにね。

――木村さんとしては〝やられ役〟になりましたね。

木村　だいたい〝やられ役〟のほうが多かった。ぼくのほうがはじめ出てって、シャープ兄弟をこてんぱんにやっつけるんですね。そして次は反対にやっつけられるんですよ。すると力道山が出てきて、空手チョップというような段取りですね。〔中略〕しかしまあ、こっちのほうは商売だからね。勝とうが負けようが、そういったことは、日常茶飯事であったし、外国へ行けば勝って、最後には必ず負けて帰らなければならない、ということになってるからね。

（「〈インタビュー〉〝柔道の鬼〟木村政彦・宿敵を語る「私と力道山の真相」」）

〝定説〟をくつがえした木村証言

力道山との〝昭和巌流島の決闘〟は、これまでの定説では、シャープ兄弟との試合で〝負け役〟を演じてしまった木村がその扱いに不満を持ったこと、「力道山はゼスチュアの大きい選手で実力はなく」「力道山のショー的レスリングに対し私の真剣勝負で」という木村の発言が『朝日新聞』に掲載されたことが、この対決が実現するに至った直接のきっかけとされてきた。

しかし、木村はここで「金もうけしようじゃないか、という話」「段取りを決めての話」「相談ずくでやったこと」と定説とはまったく異なる背景について言及している。新聞紙上での木村による挑戦表明から力道山サイドの受諾、試合（とその開催日時）の正式決定、記者会見、統一コミッション設立、日本ヘビー級選手権制定までの一連の流れがあまりにも短期間のうちにスムーズに進行していった経緯は木村のこの証言で説明がつく。引用をつづける。

木村　それは二人で事前に、いっぺんやってみようか、そして金もうけしようじゃないか、という話を交したことがあります。いつごろからやるか、だいたいの月日と、段取りを決めての話なんです。これはお互いに公表しないで、やるときはパッと新聞に出そうじゃないか、という相談ずくでやったことなんですね。〔中略〕

——柔道か相撲か、一騎打ちということだったんでしょう。で、最初の約束は、勝負の結果は引き分けにするつもりだったんですか？

木村　そう、最初は引き分け。次はジャンケンポンで勝った方が勝つ。その次は反対、またその次は引き分けにもっていく、というようなことをずっと継続して、日本国中を回ろうじゃないか、という口約束だったんですね。〔中略〕

それはおたがいにレスラーとレスラーの勝負だから、引き分けと決まったら、相手がはじめとったら今度はこっちのほうがとる。〔中略〕むこうが空手チョップをぶってきたら倒れ、立ちあがったら今度はこっちのほうが攻撃してこてんぱんにやっつける、こういうような流れで、引き分けの線までもっていこう、時間切れまでね。〔中略〕それからあとに続く試合は、

この試合が引き分けに終ってから、ジャンケンポンで決めよう、こういうような約束になっていたわけです。 (同前)

この試合(とその不可解な結末)をめぐるもうひとつのミステリーは、力道山と木村の間で事前に取り交わされたという〝引き分けを約束する覚書〟の存在である。試合が終わったあと、力道山は「木村から八百長の申し入れを受けていた」とコメントし、後日、その証拠として同文書を開示した。ところが、このインタビューで木村は力道山の発言を否定。覚書の交換を提案したのは力道山のほうだったと語っている。

――文書をとり交そうと言ったのは、力道山のほうから言ってきたわけですか。

木村 そう。おたがいの意思を確かめるためにとり交しましょうか、というんで、いいよおまえのいいようにしてくれ、って。で、その文書をとり交す日、ぼくが書いてもってったら、あれは持ってこなかった、忘れた、というんだね。大丈夫です、決して違反はしません、って言うから、じゃ、そのとおり〔引き分け〕にやろう、と相手の誠意を認めたわけです。で、ぼくが書いたものは、むこうが持っていってしまった。 (同前)

それがフェアなやり方であったか、アンフェアなやり方であったかについてはいささかの議論の余地を残すところではあるが、すでにこの時点で木村が力道山の駆け引きに翻弄されていたことはまちがいない。

力道山の策略だったのか？

木村が「相手〔力道山〕の誠意を認め」、引き分けの約束を守るつもりだったという試合とはいったいどのようなものだったのだろう。木村はどんなふうにして六十一分も闘おうとしていたのだろうか。この試合を「リングサイドからつぶさに見た」という小島貞二は「木村が白い歯を見せて、ニタッと笑う。真剣勝負という緊迫感からはほど遠い」と記しているから、リング上の木村の動きからは気迫のようなものは感じられなかったのだろう。力道山は最初からこの約束を破るつもりで試合をしていたのだろうか、あるいはそういう約束があったこと自体を否定するつもりだったのだろうか。

木村　そう。演技はスムーズにいっとったな。それでずいぶんお客さんも喜んだし、ちっともおかしい点はなかった。

――それが途中から流れが急に変わっちゃったわけですね。

木村　相手が手をあげてきたわけです。〔中略〕

――それを本気になって撃ってきたわけですね。どこを撃たれたんですか？

木村　頸動脈のところだね。急所です。〔中略〕それからロープを背にした、そこまでは憶えているんです。ロープを背にしたら、本当のレフリーだったら引き分けなきゃだめなんだ。ところが引き分けなかった。あとで調べたら、相手のほうの味方のレフリーだった。

いってみれば全部仕組まれていた敵の陣営のなかに、ひとりで飛びこんだようなものだった。

――あとで力道山は、木村は卑劣なやつだ、おれに先に八百長を申し込んでおきながら、試合の途中で、急所を蹴りにきた、先に反則をしかけてきたって、いいましたね。〔中略〕

木村　それは口実ですね。そんなことはないです。ただ、おなかのところ、そこを軽く触っただけなんだよね。だいたいレスというのは、本当にぶったようにして、軽くあてるようにするのが、レスラーのうまいところなんだよね。〔中略〕

――力道山は最初からそういう作戦だったのか、それとも途中でパッと変わっちゃったのか……。

木村　最初からだったと思うね。〔中略〕

しかし、私の人生も面白いと思うんです。柔道から転じて、プロレスになって、いろいろ

数奇な人生をたどってきたような気がするね。〔中略〕
　こういった、いろんな、プロ柔道なり、プロレスなり、いろいろな人生を過ごしたことによって、一生のさまざまな想い出にもなり、人生の価値もあったと思うわけなんですよ。決してプロレスラーになったからといって後悔はない。
　というのは、家内の胸が悪かったんだけれども、プロレスに入ることで治したし、ある程度、生活にも余裕のある状態を得ることもできましたからねえ。（同前）

力道山に〝三回〟敗れた木村

　あらかじめ取り交わされるはずだったという覚書の存在についてもういちどかんたんに整理すると、おたがいの意思をそれぞれ文書で確認する約束があり、木村はその会談の場に作成した文書を持っていったが、力道山は「忘れた」と主張した。そして、力道山が木村側の文書だけを持ち帰り、これがのちの情報開示、流出につながったということなのだろう。

　当初のプランではこの試合はいちどだけの対戦ではなく「ずっと継続して、日本国中を回ろうじゃないか、という口約束だった」ことを明かした木村は、試合結果については「最初は引き分け。次はジャンケンポンで勝った方が勝つ。その次は反対。またその次は引き分けにもっていく」「あとに続く試合は〔中略〕ジャンケンポンで決めよう、こういうような約束になっていた」と説明している。木村はこのインタビューのなかで、ためらいなく「ジャンケンポン」発言を二回くり返した。つまり、木村にとってプロレスの試合における勝ち負けとはその程度の意味しか持たないものだった。

しかし、力道山はそうは考えなかった。試合結果が演出されているものであるとするならば、その勝ち負けはどうでもいいものなのかというとそうではなくて、むしろその勝ち負けこそが重要な意味を持つ。力道山はそうとらえていた。〝柔道の木村〟はプロレスをあくまでも「商売だから」と定義し、「勝とうが負けようが、そういったことは、日常茶飯事」と認識していたが、〝プロレスラー力道山〟〝プロモーター力道山〟にとっては、あの試合を引き分けで終える、あるいはジャンケンポンで勝ち負けを決めるという選択肢はなかった。

インタビュアーの「力道山は、木村は卑劣なやつだ、おれに先に八百長を申し込んでおきながら、試合の途中で、急所を蹴りにきた、先に反則をしかけてきたって、いいましたね」という質問に対して、木村は「それは口実」「ただ、おなかのところ、そこを軽く触っただけ」と答えた。この急所蹴りの〝マネ〟が、容赦ない鉄拳制裁、顔面を蹴りあげるという非情な攻撃を仕掛けていく口実を力道山に与えてしまったことを木村は理解していた。

試合前の〝情報戦〟で負け、試合でも負けた木村は、合計三回、力道山に負けた。最後の敗北は、木村がインタビュアーに誘導されるがままに、だれひとりとして――あの時代を生き、あの闘いを目撃し、力道山とプロレスを愛した人びと、そして、力道山の死後にプロレスとめぐり逢い、プロレスが好きになった人びと――ハッピーにはならないパンドラの箱を開けてしまったことである。そして、木村自身がそれに気づいていないことだった。

〝昭和巌流島の決闘〟は日本のプロレス史の起源と位置づけられ、これに勝利した力道山は戦後のスーパースターの座を不動のものとし、敗れた木村は時代の表舞台――テレビの画面――から姿を消した。

木村政彦戦に勝利し，日本ヘビー級選手権を獲得した力道山（1954 年 12 月，東京・蔵前国技館　提供：毎日新聞社）

「プロレスラーになったからといって後悔はない」という木村は、プロ柔道の延長線上にあったサムシングとしてプロレスに転向し、遠征先のハワイでは一試合あたり三百ドル（一ドル＝三百六十円のレートで十万八千円）とされる、この時代としては高額なファイトマネーを稼ぎ、肺結核を患っていた妻に当時日本にはあまりなかったアメリカ製の抗生物質の薬をハワイから郵送し、その治療にあてたという。木村はプロレスを「商売」といったが、このあたりはやや言葉足らずで、柔道着を脱いで文字どおり裸一貫になって闘った木村にとって、プロレスはそういうパーソナルな選択だった。

一方、力道山は木村との試合をひとつのフィルターにして社会＝世間の評価と闘い、大衆と闘い、メディアと闘った。この意識の差、目的のちがいはあまりにも大きかったのである。

第5章

「力道山プロレス」の完成，そして突然の死

力道山，最後の試合．デストロイヤーに空手チョップを浴びせる（1963 年 12 月，静岡・浜松市体育館　提供：朝日新聞社・日刊スポーツ）

山口利夫との日本ヘビー級選手権

〝プロレス元年〟はシャープ兄弟との国際試合に始まり、力道山と木村政彦の日本ヘビー級選手権で幕を閉じた。ここまでは大長編ドラマ「力道山」のプロローグで、その本編は一九五五(昭和三十)年からいよいよスタートする。五一年十月のボビー・ブランズとの仮デビュー戦から、チャンピオンのままこの世を去る六三年十二月までを力道山の現役生活とすると、その期間は十二年二カ月だったが、ヒーローの物語としての「力道山」は〝プロレス元年〟となった五四年から六三年までの正味十年ということになる。

「力道山」はあくまでも力道山の〝個〟の物語で、〝プロレスラー力道山〟にも〝昭和のヒーロー力道山〟にも宿命のライバルは存在しない。シャープ兄弟も木村もルー・テーズも、プロレスラーとしての円熟期に幾多のタイトルマッチで対戦するフレッド・ブラッシーもザ・デストロイヤーも重要な登場人物ではあるけれど、力道山と対等な関係にあったライバルではなく、大長編ドラマのなかのひとつひとつのエピソードを完結させる役割を担っていたにすぎない。戦後ニッポンの大衆は、プロレスを通して〝昭和のヒーロー〟力道山の〝個〟にそれぞれの戦後、それぞれの昭和、それぞれの自己を投影していた。

一九五五年一月二十八日、力道山は大阪府立体育館で山口利夫(全日本プロレス協会)の挑戦を受け、日本ヘビー級選手権の王座初防衛戦をおこなった。このタイトルマッチは、前年十二月の力道山と木村の同王座初代チャンピオン決定戦を前に山口が「勝者への挑戦」を表明していたもので、山口と山口主宰の全日本プロレス協会は「力道山との対戦」を条件に力道山主導の日本プロレス・コミッション設立に合意したという経緯があった。

山口は一九一四(大正三)年、静岡県三島市生まれ。早稲田大学柔道部、南満州鉄道柔道部で活躍後、三九(昭和十四)年、大相撲(出羽海部屋)に入門したが、翌四〇年、応召で廃業。戦後の五〇年、牛島辰熊の国際柔道協会(プロ柔道)に参画。同団体崩壊後は木村らとともにハワイに渡り、柔道指導のかたわら、プロレスに身を投じた。

力道山―木村戦と同じく六十一分三本勝負の国際ルール、ファイトマネー総額百五十万円を勝者が七(百五万円)、敗者が三(四十五万円)の配分とする賞金マッチとしておこなわれたタイトルマッチは、合計三十分ほどの試合タイムで二―〇のストレートのスコアにより力道山が完勝。この日、大阪府立体育館は主催者発表で二万人の観客――同所の実際のキャパシティーは七千人程度――を動員。敵地・大阪でこの興行を開催したのは力道山としては全日本プロレス協会の顔を立て、義理を通し、誠意を示したアプローチということになる。力道山との一騎打ちを実現させたことで山口はとりあえずプロレス史にその名を刻んだ。しかし、〝鬼の木村〟と比較すると実力でもネームバリューでも明らかに劣り、このときすでに四十歳だった山口に対し、力道山はそっけなく闘い、あっけなく勝った。

元横綱・東富士がプロレス転向

前年の一九五四(昭和二十九)年十月、秋場所十四日目に引退を表明した元横綱・東富士が、現役時代からの後援者であり、この時点では日本プロレス協会理事長でもあった新田新作とともにこの試合をリングサイドから観戦していた。年寄・錦戸を襲名していた東富士がその後、相撲協会に廃業届けを出したため、すぐに「横綱・東富士、プロレス転向」のウワサが流れた。

東富士と同じく五四年の秋場所を最後に土俵を去った豊登《とよのぼり》(元幕内・立浪部屋)と藤田山(元幕内・高砂部屋)はすでに日本プロレス協会に入団。ひと足早くプロレス転向－デビューを果たした芳の里(元幕内・二所ノ関部屋)を含め、この三人の元幕内力士は日本プロレス協会にとっては即戦力だった。木村と山口が力道山に敗れ、大相撲からの転向組がずらりと顔をそろえはじめると、日本のプロレス創成期における〝相撲が勝つか〟〝柔道が勝つか〟の議論は、どうやら相撲に軍配が上がった。

力道山は通算三度目のアメリカ遠征、東富士は「相撲の指導」のためにハワイへ向かうことを発表し、一九五五年二月八日、東京・帝国ホテルで力道山と東富士の合同壮行パーティーが催された。この時点では東富士はまだ正式にプロレス転向宣言はせず、頭にはマゲを結ったままではあったが、ハワイでのトレーニングと現地デビューのプランは〝公然の秘密〟だった。

予定よりやや遅れて三月二十七日、ハワイ入りした力道山と東富士はすぐに現地の興行に合流。東富士は約二週間のトレーニングを経て、四月十日、シビック・オーデトリアムでドン・ビートルマン（ドン・カーティス）を相手にデビュー戦をおこなった。翌週十七日の同所定期戦では力道山と初タッグを組み、ボビー・ブランズ&ラッキー・シモノビッチが保持するハワイ・タッグ王座に挑戦。二―一のスコアで王者チームを下し、デビュー二戦目でいきなりタッグ・チャンピオンとなった。力道山はこのあと試合とアメリカ人選手との来日契約交渉のため単身アメリカ本土に渡り、東富士はハワイに残って肉体改造トレーニングに専念した。〝プロレスの新弟子〟東富士に稽古をつけたのは、三年前に力道山をコーチした沖識名だった。

〝横綱レスラー〟の全国巡業

力道山と東富士は一九五五（昭和三十）年七月二日、約三カ月間の遠征を終えて帰国。同七日に東京・大手町のサンケイ会館で断髪式がおこなわれ、東富士はここで正式にプロレス転向を表明した。そして、日本橋浪花町の力道山道場から道路を隔てた向かい側で二月から建設工事が始まっていた鉄筋五階建て、延べ面積七百坪の「プロレス・センター」が七月八日に完成。一階に道場、上階に事務所、合宿所、映画上映室などを完備するビルの総工費は七千万円（推定）とされ、取り壊しとなった旧道場のすぐとなりには東富士が経営する小料理屋も開店した。

力道山はすでに自宅を日本橋浜町から大田区梅田町の新築の豪邸に移していた。これらはすべて新田新作・新田建設社長が所有する土地で、建築費を立て替えたのも新田だった。

日本プロレス協会は元プロボクシング世界ヘビー級王者〝動くアルプス〟プリモ・カルネラ、〝巨象〟ジェス・オルテガ、ボブ・オートン、バド・カーティス、ハーディ・クルスカンプの外国人五選手を招き、七月十五日から九月七日まで八週間(全三十七興行)の日程で三度目の国際試合を開催。〝横綱レスラー〟東富士のお披露目興行として全国を巡業し、七月二十八日、後楽園球場でおこなわれた力道山&東富士のハワイ・タッグ王座、オルテガ&カーティスの中米タッグ王座をそれぞれ賭けたダブル・タイトルマッチ(両軍リングアウトで王座移動なし)、同一カードの再戦となった八月一日の大阪扇町プール(六十一分時間切れ引き分けで王座移動なし)はいずれも二万五千人の大観衆を動員した。

同シリーズ興行最終戦の九月七日、定員一万二千人の東京体育館は二万人の観衆でふくれ上がり、入場できなかった約八千人のファンが体育館の外で騒ぎを起こした。この日のメインイベントは力道山対オルテガのシングルマッチ。東富士のデビューが大きな話題となった全国巡業はこの日が千秋楽だったが、主役はあくまでも力道山だった。

キング・コングとアジア選手権

力道山はこのあと東富士を帯同し、一九五五年九月十三日から十月七日までアジアのプロレス市場視察をかねてシンガポール、マラヤ連邦(現在のマレーシア)、インドをツアー。キング・コング、ダラ・シン、サイード・サイフ・シャー、タイガー・ジョギンダーと契約し、この四選手にレフェリーのラシッド・アンワールを加えた五人が十一月七日に来日。翌八日から二十二日まで新設アジア・ヘビー級王座、アジア・タッグ王座争奪「アジア選手権トーナメント」(全十興行)が開催された。同大会にはハワイのハロルド坂田も四年ぶりに来日し、日本組に加わった。

キング・コング(本名エミール・ツァーヤ)は一九〇九年、ハンガリー生まれ。二七年、十八歳でデビューし、ヨーロッパ、オーストラリア、インド、シンガポールなど世界各地を転戦。この時点でキャリア二十八年、四十六歳の大ベテランで、現役レスラー兼プロモーターとして力道山のアジア戦略のパートナー的な立場でもあった。

キング・コング

ダラ・シン(本名ディーダー・シン・ランダーワ)は一九二八年、インドのパンジャブ州生まれ。プロレスラーとしてのデビューは四六年で、俳優・映画監督としても活躍し、二〇一二年に八十三歳で死去するまで百作品を超えるボリウッド・ムービーに主演した。ルー・テーズをインドに招いて世界ヘビー級選手権を開催したことでも知られる。引退後、インド連邦議会議員もつとめた。キング・コングもダラ・シンも〝アジアの力道山〟だった。

コングの公称二百キロの超巨体は日本のファンにひじょうにうけた。アジア選手権トーナメント決勝戦は、十一月二十二日、最終戦が蔵前国技館でおこなわれ、力道

ダラ・シン

山とコングが一ラウンド七分六回戦の特別ルールで対戦。六ラウンド時間切れとなったあと、六十分一本勝負の延長戦となり、三十分五十秒、場外カウントアウトで力道山が勝利を収め、初代アジア・ヘビー級王者となった。力道山は真新しいチャンピオンベルトを腰に巻いた。

この年の十二月、力道山の半生をドラマ仕立てで描き、力道山自らが主演した映画『力道山物語 怒濤の男』(監督・森永健次郎)が公開され、力道山は〝銀幕のスター〟となり、日本一の人気者の道を歩みはじめた。まさに第一期黄金時代だった。

TBSがプロレス中継に新規参入

一九五五年は「神武景気」と呼ばれた好景気にわき、冷蔵庫、洗濯機、白黒テレビの「三種

の神器」が一般家庭に登場しはじめた年だった。家電メーカー、信販会社などによるイージー・ペイメント（月賦販売）の導入もあり、とくにテレビの人気は高く、前年五四年の「街頭テレビに黒山の人だかり」のころに全国一万二千台といわれた普及台数が、この年の暮れにはその十数倍の十六万六千台にはね上がった。国内生産量の急激な伸びで価格帯が大幅に下がり、一年前には十七万円台だった家庭用十四インチ型テレビに七万円台の新製品が発売されたことも普及率のアップに拍車をかけた。

力道山を主役としたプロレス・ブームは社会現象となり、プロレス中継を独占していた日本テレビは一九五三年八月の開局から一年足らずの五四年上半期に黒字経営に転じた。テレビ視聴者はプロレス中継を待ち望んでいた。テレビがプロレスの人気に火をつけ、プロレスの人気がテレビの普及に大きく貢献した。戦後ニッポンの大衆文化におけるテレビとプロレスは運命共同体のような関係だった。

この年の四月、第二の民放テレビ局ＴＢＳが本放送を開始。プロレス中継に参入し、日本テレビとＴＢＳがプロレスをめぐって正面衝突するという事態が生じた。力道山とテレビを結びつけたキーパーソン、日本テレビの戸松信康プロデューサーの手記から引用する。

この頃、日本テレビの独占を脅かす他局の攻勢がはげしく、私（筆者）は、その応対に奔走したことがあった。テレビ後発のＴＢＳ（三十年四月発足）は、プロレス後援の毎日新聞社、某興業社、並びに新規スポンサーＹ電機を擁して、力道山―日本テレビの線に切り崩しを強引にかけて来た。力道山の力でもプロレス興行経営の義理で、その攻勢を一刀両断することはなかなか困難であった。

ＮＴＶ・ＴＢＳの両社が並列して中継放送せざるを得ない状態が現出し、独占を企図するＹ電機は、それだけ出費を強いられるという変則状態が幾回か見られた。私は、その得策にあらざることを興業社やスポンサー側の責任者Ｎ君に何度も説いた。しかし事態を改めることができなかった。〔中略〕

ＴＢＳに肩を持つ興業社は、社長らが、日本テレビに押しかけて来て、正力社長に「ＮＴＶ手を引け」と談判に及んだこともあったと記憶している。

（戸松「秘話・プロレスとテレビ」）

戸松が「某興業社」と表記しているのは日新プロダクションのことで、その社長は日本プロレス協会常務理事でもあった永田貞雄。新規スポンサー「Ｙ電機」は八欧《やおう》電機（のちの富士通ゼネラル）で、スポンサー側の「責任者Ｎ君」は力道山と個人的に親しかった、あるいは力道山の外部ブレーンのひとりともいわれた同社の成瀬幸雄宣伝部長だ。

図 5-1　力道山を起用したゼネラルテレビの新聞広告（1956 年 2 月）

協会常務理事であると同時に日本プロレス興業役員でもあり、興行部門の事実上のトップだった永田は、〝プロレス元年〟の翌年にはなぜか日本テレビからＴＢＳへの鞍替えを考えていた。そして、そういう予期せぬ状況について、戸松は「力道山の力でもプロレス興行経営の義理で、その攻勢を一刀両断することはなかなか困難であった」とふり返っている。

日本テレビとＴＢＳの両局のプロレス中継の「独占を企図」し、実際に五五年からはどちらのチャンネルのプロレス中継にもスポンサーとして名をつらねていた八欧電機（創業者・八尾敬次郎）は、家庭用テレビの量産体制で急激に業績を伸ばしていた家電メーカーである。戸松が「力道山―日本テレビの線に切り崩しを強引にかけて来た」と述懐するとおり、この時代のスポンサー企業にとって、テレビはプロレスであり、プロレスはテレビだった。それくらい、プロレスの人気は爆発的ですさまじかった。八欧電機はヒット商品「ゼネラルテレビ」のテレビＣＭ、新聞広告、雑誌広告に力道山を起用し、その蜜月をアピールしていた（**図 5-1**）。

〝世界一周の旅〟というイメージ

キング・コングとのアジア選手権を終えた力道山は、一九五六（昭和三十一）年一月二十八日、八十二日間の世界一周の旅に出た。これが五度目の海外遠征。国内で試合がないときは海外を飛び回っている、というのが力道山自身が「力道山」の物語に求めたイメージだった。タイ・バンコクを経由してシンガポールに渡った力道山は二月四日（シンガポール）、七日（マラヤ連邦・クチン）、八日、九日（ブルネイ）、十日（インドネシア・ジャカルタ）、十一日（セイロン〔現在のスリランカ〕・コロンボ）、十二日（マラヤ連邦・バトゥパハ）をツアー。全七試合のうち五試合はキング・コングとのシングルマッチで、ブルネイでは〝中国チャンピオン〟ワン・G・バリン、ジャカルタでは〝マレーシア・チャンピオン〟タイガー・アマタといった新顔とも対戦した。力道山が目撃したアジアの国ぐにには、どうやらまだ〝プロレス発展途上国〟だった。

シンガポールからフランスに飛んだ力道山は、パリに一週間滞在し、その後はイギリス・ロンドンに滞在。三月七日、ロンドンからニューヨークに移動し、ここで購入したメルセデスのスポーツカーでニューヨークからサンフランシスコまで大陸横断。パリ、ロンドンでの外遊シーン、力道山自らがハンドルを握りアメリカのフリーウェイをドライブする旅の様子はカラー写真とムービーのフィルムに収められた。三月十九日から四月五日まではサンフランシスコの興行に合流。そのあと、ハワイで二試合を消化し、四月十九日に日本に帰ってきた。

このとき、力道山は羽田空港での記者会見でルー・テーズが保持する世界ヘビー級王座への挑戦が正式決定したことを〝ニュース〟として発表する予定だった。しかし、アメリカ滞在中の三月十五日、テーズがカナダ・トロントでホイッパー・ビリー・ワトソンに敗れ王座から転落したため、この発表はできず、テーズが王座奪回に成功した場合は日本で世界選手権を開催する確約をとってきたこと、世界タッグ王者チームのシャープ兄弟と再来日の契約を結んだこと、特別レフェリーとして〝アイアン〟マイク・マザーキが来日することを発表するにとどまった。羽田空港会見は、大長編ドラマのエピソードとエピソードをつないでいく〝句読点〟としてつねに重要なワンシーンになっていた。

シャープ兄弟が再来日

世界タッグ王者チームの兄ベンと弟マイクのシャープ兄弟、ラッキー・シモノビッチらを招いての「国際試合」は一九五六年四月二十四、二十五、二十六日の開幕戦・蔵前国技館三連戦から六月七日の最終戦・蔵前国技館まで六週間(全三十一興行)のロングラン。北は北海道、東北から南は九州まで、東京、名古屋、大阪、神戸、広島など主要都市を回ったツアーは連日各地で一万人規模の観客を動員する盛況だった。五月二、三、四日の大阪三連戦三日目に力道山

&遠藤幸吉がシャープ兄弟を下して世界タッグ王座を獲得した。このタイトルマッチは六十一分三本勝負ではなく時間無制限一本勝負の特別ルールでおこなわれ、力道山が三十四分三十九秒、ベンからフォールを奪った。

それから十五日後の五月十九日、札幌二連戦の二日目にラインナップされたリターン・マッチでは、前王者チームのシャープ兄弟が一―〇のスコアのまま六十一分時間切れで辛勝し、王座奪回に成功した。三本勝負の一本目でベンからフォール負けを喫したのは、力道山ではなく遠藤だった。六月二日の福岡、六月七日の千秋楽・蔵前国技館でも同一カードのタイトルマッチがおこなわれたが、いずれもシャープ兄弟が王座防衛に成功。二年ぶりに来日したシャープ兄弟のブランド性は健在で、その知名度と観客動員力は高かった。シャープ兄弟はかんたんには勝てないからこそ〝世界の強豪〟であり、世界タッグ王座はなかなか手に入らない〝高嶺の花〟であるからこそ価値のある(ことになる)興行の目玉だった。

このシリーズ興行でタイトルマッチ全六試合のレフェリーをつとめたマイク・マザーキは、一九五五年三月、サンフランシスコでルー・テーズ対レオ・ノメリーニの世界タイトルマッチを裁き、厳格なレフェリングでテーズの反則負けをコールし、〝無敗の王者〟テーズの連勝記録をストップして世界王座を〝レフェリー預かり裁定〟としたことで知られていた。ニックネームの〝アイアン〟は〝鉄の裁定〟を意味する。力道山はこういうディテールにとことんこだわった。ハリウッドで映画俳優としても活躍するマザーキは、巡業終了後、九月まで日本に滞在し、力道山の主演映画『力道山 男の魂』(監督・内川清一郎)に出演した。

日本王座、アジア王座、そして太平洋王座

シャープ兄弟の再来日に沸いた「春の国際試合」につづく「秋の国際試合」では、力道山がアメリカ武者修行中に敗れた〝赤いサソリ〟タム・ライスが初めて日本にやって来た。ラッキー・シモノビッチとマイク・マザーキが「春の国際試合」から残留し、一九五六年七月二十三日から九月一日まで六週間(全三十一興行)の全国巡業がおこなわれた。

力道山とライスはシングルマッチで四回対戦し、戦績は力道山の三勝一引き分け。シリーズ最終戦、東京・田園コロシアムではライスが保持する太平洋岸ヘビー級王座に力道山が挑戦した。一―一のタイスコアからの決勝の三本目は、二本目の力道山の逆エビ固めで右ひざを負傷したライスが試合続行不能を理由に棄権。二―一で力道山が勝利して新王者となったが「いくじのないヤツのベルトなどいらん」と力道山がその場でチャンピオンベルトを突き返すという〝ハプニング〟がこの日のラストシーンになっていた。日本ヘビー級王座、アジア・ヘビー級王座と併せ、力道山にとってはこれが三つめのシングルのタイトル獲得で、いよいよルー・テーズの来日と〝最高峰〟世界ヘビー級選手権の日本開催に期待が高まった。

日本テレビとTBSの民放二局がほぼ同一のコンテンツのプロレス中継を並列で放送し、いずれも番組スポンサーは〝ゼネラルテレビの八欧電機〟というややいびつな状況はこのあたりの時期までがピークだった。一九五六年の『経済白書』は「もはや戦後ではない」と謳った。

全国巡業のロングラン興行が軌道に乗り、すべてが順風満帆にみえたこの年、力道山にとっても日本プロレス協会にとってもショッキングなできごとが起きた。シャープ兄弟が再来日した「春の国際試合」終了からまもなく、六月二十五日、新田新作・日本プロレス協会理事長が日本橋浪花町の自宅で急死。死因は就寝中の心臓発作。五十二歳だった。〝日本プロレス生みの親〟新田の突然の死で、協会は組織としての成り立ちが内側から大きく揺らぎ、公私にわたるアドバイザーで、相撲時代からの共通の後援者を失った力道山と東富士――とくに東富士は新田のたっての頼みでプロレス転向――の人間関係にもやがて亀裂が生じていく。

力道山の〝ワンマン体制〟発足

プロレスラー力道山にとって最大最高のステージは〝不世出の大レスラー〟〝鉄人〟ルー・テーズとの闘いで、大長編ドラマ「力道山」のクライマックスは、そのテーズを日本に招いての世界選手権開催だった。

一九五七(昭和三十二)年は〝プロレス元年〟から三年間つづいた爆発的なブームがやや沈静

化し、停滞ムードが漂い、活字メディアで「プロレス退潮説」がささやかれた年だった。この年の年頭の「国際試合」にはカナダのアデリアン・バイラージョンほか外国人二選手が来日し、一月四日から二月一日まで四週間の日程で全十二興行(一月十二、十三、十四日の三日間は初の沖縄遠征)がおこなわれたが、蔵前国技館、東京体育館といった東京の大会場でのビッグマッチはなく、それほど大きな話題にはならなかった。

この時代のプロレスの年間カレンダーは「国際試合」の冠をつけた年二回のシリーズ興行(全国巡業)が大きな柱で、興行のない期間はプロレスのテレビ放送もなく、力道山はもっぱら海外遠征。テレビ放送がなく、力道山の不在がつづくと、一般大衆のプロレスへの関心も薄れていくという悪循環が生じた。

前年五六年六月に新田新作・日本プロレス協会理事長が死去したあと、プロレスにおける〈ソフトウエア＝選手・試合〉と〈ハードウエア＝興行〉のパワーバランスが一変した。年が明けて五七年になると、それまで〝寄り合い所帯〟のような形で機能していた興行部門から永田貞雄・日新プロダクション社長、林弘高・吉本興業社長(いずれも日本プロレス協会常務理事)のふたりが退き、力道山の日本プロレス興業に一本化された。

一九五六年一月の時点で日本プロレス・コミッション事務局長に就任していた工藤雷介が、もともとあまり活動実態のなかった日本プロレス協会の幹事長を兼任するようになった。吉本興業からの出向で日本プロレス興業に籍を置いていた押山保明宣伝部長は、力道山に懇願されて残留を決意した。協会、興業ともに日本プロレスは力道山のワンマン体制にシフトチェンジし、工藤、押山、レフェリー兼務の九州山、テレビ解説者の伊集院浩ら適材適所のブレーンがその脇を固めた。

日本テレビがプロレス番組レギュラー化を企画

一九五六年の年末から五七年の春にかけて、日本プロレスと日本テレビは、というよりも力道山と戸松信康・日本テレビ編成総務プロデューサーは、それまで「国際試合」の開催日程に合わせて不定期の特番枠で放送していたプロレス中継のレギュラー番組化(毎週放送)を企画検討していた。力道山も戸松もこれを「プロレス百年の計」ととらえた。レギュラー番組化を実現するには、長期的な展望(と予算)で番組製作に関わってくれるであろう、一社提供スタイルの大型スポンサーの獲得を視野に入れなければならない。戸松にはある秘策があった。それは戸松の師・正力松太郎と近い関係にあった三菱電機の経営陣と力道山を対面させることだった。戸松の手記から引用する。

それは、かねて考えめぐらしていたことだが、力道山を三菱電機の最高幹部に引き会わせたことだった。会長の高杉晋一氏、社長の関義長氏、そして常務の大久保謙氏に、力道山と私と、二人が面接、会談したのである。そして、力道山プロレスに三菱が全面的にタイアップ応援しようとするものであった。まさに画期的なできごとであった。場所は、丸の内三菱電機会長室であった。〔中略〕

高杉会長曰く、「力道山君の、古武士のような人柄は全く魅力だ。読売会館も出来上がったことだし、正力さんとも話し合って、力道山プロレスを、わが社が応援することにしたい」

大久保常務曰く、「力さんのプロレス放送は、視聴率も高く、健全であり、スポンサーとして、わが社のイメージにも合致し、満足できると考える。私も力道山の精進ぶりにつくづく感心しています。力さんのやる限り、三菱もプロレス番組を続けて行きたい」

（戸松「秘話・プロレスとテレビ」）

高杉晋一会長、関義長社長（のちに会長）、大久保謙常務（のちに社長、会長）は三菱電機の三代にわたる会長・社長。一九五七年から力道山死後の七二年まで十五年にわたり日本プロレスの大スポンサーとなる三菱電機の三首脳である。高杉会長のコメントに「読売会館も出来上がったことだし」とあるのは、正力松太郎が立案した有楽町の読売会館の事業計画に三菱電機が協力し、そのプロジェクトを請け負ったことを指している。戸松はこの正力と三菱電機のコネクションに着眼し、正力の同意を得て、プロレス番組の新規スポンサー候補として〝大本命〟三菱電機にアタックをかけたのだった。

テレビ、洗濯機、冷蔵庫の「三種の神器」によって急激に業績を伸ばす松下(のちのパナソニック)、三洋、早川(のちのシャープ)、八欧などの家電メーカー群に対する三菱、日立、東芝、日本電気(NEC)などの重電機メーカー群の家電市場進出。その競争原理に高度経済成長期を迎えつつある昭和の息づかいのようなものを感じることができる。

三菱電機首脳陣との会談——一九五七年二月上旬と思われる——のすぐあと、力道山は同年二月十五日、これが初の海外遠征となる豊登を帯同し、自身としては六度目のアメリカ遠征に出た。このとき、力道山は出発前に八欧電機本社を訪問し、ここで現金三百万円を受け取っていた。力道山はこれを海外遠征の餞別と理解したとされるが、八欧電機にとっては「ルー・テーズとの世界選手権をTBSが独占放送するための契約手付金」だった。これがのちに日本テレビを巻き込んだやっかいな問題に発展する。

力道山はハワイに二週間滞在後、三月から単身でアメリカ本土に転戦し、第二のホームリングといっていいサンフランシスコ周辺エリアを四月第四週までツアー。この遠征ではこれまで試合をしたことがなかったアイダホ、ユタの両州にも足を伸ばし、その後、再びハワイを経由し、五月十六日に三カ月ぶりに帰国した。〝洋行帰り〟のイメージは大切だった。

新番組『ファイトメン・アワー』放送開始

羽田空港での定例会見では、ルー・テーズとの世界選手権の正式契約が完了したこと、十月に東京と大阪でタイトルマッチ二戦を開催すること、「秋の国際試合」としてボボ・ブラジル、ロード・レイトン、ダニー・プレチェスの三選手が来日し、八月十三日から九月二十五日まで六週間(全三十二興行)の日程で全国ツアーをおこなうことが発表された。大長編ドラマの製作総指揮・監督・主演の力道山は、羽田会見ではつねに大きなニュースを提供しつづけた。

日本テレビの戸松信康プロデューサーと力道山が企画したプロレス新番組のタイトルは『ファイトメン・アワー』に決定した。放送は毎週土曜午後五時から六時までの一時間枠。番組名にあえてプロレスをつけなかったのは「力道山の見識」(戸松)で、同局が日本プロレスに支払う一番組ごとのギャランティーは六十万円から七十五万円ほどだったとされる。週一回のレギュラー番組の企画意図は、「国際試合」と「国際試合」の間の空白期間にプロレスの話題(ブーム)を持続させて人気の安定化を図ること、テレビで試合を放送することで遠藤幸吉、芳の里、吉村道明(全日本プロレス協会から移籍)ら力道山以外の日本人選手の知名度をアップさせることなどだった。

戸松はまず「力道山帰国特番」を制作し、レギュラー番組では日本橋浪花町のプロレス・センターから日本人選手を中心とした試合を放送していくプランを立てた。ボボ・ブラジルらが来日する八月下旬からの「秋の国際試合」、そのあとにつづく十月の力道山とテーズの世界戦までの特集映像も番組の目玉企画となるはずだった。日本テレビは福井近夫営業局長(のちに常務取締役、社長)が陣頭指揮をとり番組スポンサー獲得に動きはじめたが、ここで異変が起きた。それまでの不定期の特番枠ではプロレス中継の常連スポンサーだった八欧電機がなぜか新番組については静観し、八欧電機と日本プロレスのパイプ役だった成瀬幸雄宣伝部長はこの時点ですでに同社を退社していた。

力道山はこれまでの経緯から『ファイトメン・アワー』の番組スポンサーには、一社提供ではないとしても、スポットCMで八欧電機が参画するものととらえていたようだ。しかし、新番組の第一回放送当日、一九五七年六月十五日の正午ごろ、八欧電機が日本テレビに対し、世界選手権のテレビ放送について力道山とすでに契約を交わしている、番組は八欧電機の一社提供で、TBSが放送する、「ルー・テーズ戦の日本テレビ中継放映などは認められない」(田鶴浜『プロレス二十年史』)といった回答を伝えてきた。八欧電機が主張する「世界選手権放送の契約」とは、二月の海外遠征出発前に同社が力道山に手渡した「三百万円の手付金」を指していた。八欧電機は——記録的な視聴率をはじき出すであろう力道山対テーズの世界選手権のテレビ放送について――日本テレビではなくＴＢＳを選択しようとしていた。

日本プロレス―日本テレビ―三菱電機の超強力チーム誕生

結果的に六月十五日オンエア分の『ファイトメン・アワー』第一回放送はサスティニング・プログラム（スポンサーがつかない自主制作番組）となり、そのまま日本テレビが番組制作費全額を負担しながらの〝サスプロ状態〟は第五回放送分（七月十三日）までつづいた。これは戸松プロデューサーにとっても力道山にとっても想定外の事態だった。その間、力道山は問題となった三百万円を小切手に替えて八欧電機に書留で郵送し、同社とは事実上絶縁。日本テレビと正力松太郎社長に状況をくわしく説明し、陳謝したとされる。

そして、『ファイトメン・アワー』第六回放送分（七月二十日）からなんの予告もなくテレビの画面に「三菱テレビ」の横断幕が現れ、番組は三菱電機の一社提供となった。これと同時に日本プロレスの興行宣伝用ポスターには「三菱テレビ」の文字が躍り、三菱電機の新聞・雑誌広告にもプロレスの試合シーンの写真がレイアウトされた。

のちに〝三位一体〟と形容されることになる日本プロレス―日本テレビ―三菱電機の超強力チームがこのときに誕生し、〝大資本〟三菱電機がようやく重い腰を上げたことで、日本のプロレス産業はアメリカでもヨーロッパでも類をみないメディア・スポーツ、メガ・スポーツイベントとしての道を本格的に歩みはじめたのだった。この年の二月、戸松プロデューサーが主導してセッティングした力道山と三菱電機の三首脳との会談・折衝は、紆余曲折を経て、半年がかりでようやく実を結んだのである。

新番組『ファイトメン・アワー』の放送が軌道に乗った時点で、戸松プロデューサーはプロレス関連業務のすべてを福井三郎・編成局次長にバトンタッチした。福井は読売新聞社から福島民友新聞社に出向して同社社長をつとめ、一九五六年四月、日本テレビに入社した読売系の大物エリート。日本テレビではその後、報道局長、顧問を歴任するが、社内での肩書とは関係なく〝プロレス事業責任者〟のポジションを貫いた異色のプロデューサーだった。

〝鉄人〟テーズ、ついに初来日

〝まだ見ぬ強豪〟ボボ・ブラジルらが初来日した一九五七年の「秋の国際試合」は、力道山のワンマン体制となった日本プロレス興業にとって初めての長期シリーズ興行開催だったが、そのあとの十月六日に東京・後楽園球場、十月十三日に大阪球場(大阪扇町プールに変更)でおこなわれるルー・テーズ対力道山の世界ヘビー級選手権二連戦だけは、力道山(日本プロレス興業)と永田貞雄(日新プロダクション)と林弘高(吉本興業)の共同プロモートとなる〝約束〟が三者間で交わされていた。テレビ放送については力道山が日本テレビを、永田が条件つき(関西エリアだけで放送）でTBSを推していたことが試合直前までゴタゴタを引き起こした。興行宣伝用のポスターと新聞広告には当初、「テレビ放送はありません」と記載されていた。

一九五七年十月二日、テーズがフレッダ夫人とともに来日。羽田空港にはテレビ局、新聞、雑誌などの報道陣がつめかけた。テーズはこの年の八月からオーストラリア、シンガポールをツアーし、九月二十八日にはシンガポールで、力道山とアジア選手権を争ったキング・コングを相手に世界王座防衛戦をおこない、その足で日本にやって来た。

翌三日、正午から銀座、日比谷、新橋、浅草をまわり銀座に戻ってくるコースで力道山、テーズがそれぞれ別べつのオープンカーに乗車しての大がかりな祝賀パレードがおこなわれ、沿道には数千人のファンが集まり、紙吹雪が舞った。まさに大長編ドラマ「力道山」のひとつのクライマックスだった。

三日夜は内幸町の東京会館に約二百人の来賓・来客を招いてのテーズの歓迎レセプションが開かれ、ここで大野伴睦《おおのばんぼく》・自民党副総裁の二代目日本プロレス・コミッショナー就任――酒井忠正・初代コミッショナーの中央競馬会理事長就任を理由とした辞任で空席になっていた――が発表された。大野伴睦を担ぎだしたのは、政界・財界に得体の知れないコネクションを張りめぐらせていた工藤雷介・日本プロレス・コミッション事務局長だった。

テレビ放送をめぐるギリギリの〝攻防〟

十月六日に予定されていた後楽園球場での世界選手権第一戦は、雨天のため翌日（七日）に順延となった。いまになってみると、この雨によって力道山サイドに〝神風〟が吹いた。テレビ放送実現までのギリギリの攻防については、日本テレビの福井三郎プロデューサーが相撲・プロレス評論家の小島貞二との対談のなかでその内幕を語っている。

「あのとき雨で一日のびたでしょう。（中略）どういう契約の不備か、雨でのびた場合のテレビ中継は約束してなかった。それに、あの試合は力道山と、吉本興行《原文ママ》と、日新プロの相のり興行だったから、意見が一致しない。ボクは、局を代表して、テレビをやらせろとかけ合いに行った。ちょうど、ボクが行ったとき、リキさんと永田さん（日新プロ社長永田貞雄氏）がいた。リキさんはテレビ中継がどれだけプラスするかはかり知れないという考え方、永田さんはテレビをやると客がこないという考え方……真向から対立しているんです。あのとき、リキさんは永田さんの痛いところ……これはあまりハッキリいえないが、招待券の問題などをズバリ衝いて、永田さんの発言を封じて、テレビをやるときめたんですよ。もう一時半ごろの時間でしたよ」

「後楽園へ中継車を運んだが、ボクが夕方出かけてみると、ウチの連中（NTVの中継関係者)が、いろいろな人たちにかこまれている。ともかく現場にも、中継をやるということが徹底していないんです。スッタモンダのあと、やっと電波を出すようになったんですが、あのとき中に入って、話をまとめてくれたのが……名前を出してどうかわからないが、伊勢寅彦氏なんですよ」

（小島・福井「61分3本問答」）

福井プロデューサーが「どういう契約の不備か」としているのは、TBSと日新プロ、あるいはTBSと八欧電機の間で十月六日の興行が雨天で順延になった場合を想定しての契約(覚書)が交わされていなかった点だった。福井が翌七日午前、日本プロレスの事務所にその夜のテレビ放送についての交渉に出向くと、そこに力道山と永田がいた。「リキさんは永田さんの痛いところ(中略)をズバリ衝いて」「永田さんの発言を封じて」という描写はひじょうに生なましい。日本テレビはすでに午後八時から試合終了(午後十時)まで二時間の特番枠を空けてスタンバイしていたから、なんらかの勝算はあったのだろう。いずれにしても、前日に雨が降って興行が一日順延になったことは、いかにも力道山らしい悪運の強さだった。

"六十一分時間切れ" の引き分け

新聞紙上での「テレビ放送はありません」とする日本プロレスからの発表は、厳密には関東エリアではテレビ放送されないことを指していて、これはテレビ放送があると前売りチケットの売り上げに影響が出てしまうという永田の〝興行師〟らしい発想だった。

この前日より全国のプロレスファンからの問い合わせと苦情の電話が殺到し——エビデンスのない都市伝説ではあるが——日本テレビの回線がパンクしたという。力道山との口論のあと、永田がしぶしぶ東京をはじめとする関東エリアでのテレビ放送に同意したのは、すでに前売りチケットの売り上げが伸びていたこともあった。福井プロデューサーが日本プロレスの事務所をあとにしてから数分後、関東、中部、関西、北海道の四エリアでのテレビ中継にゴーサインが出された。

後楽園球場のすぐ外側に停めた中継車のなかで待機していた京谷泰弘《きょうたにやすひろ》プロデューサーが中継機材をようやく現場に持ち込んだのは、試合開始三時間前の午後三時過ぎだった。福井プロデューサーが「中に入って、話をまとめてくれた」と証言した伊勢寅彦(日本相撲協会映画部)は、同月からの劇場公開が決定していた映画『ルー・テーズ対力道山 世界選手権争奪戦』(東映)の製作・監督として、この日の撮影現場＝後楽園球場の最高責任者的な立場にあった。通称〝伊勢寅〟の伊勢は「相撲映画の主」と呼ばれた人物で、力道山と伊勢寅は力道山がまだ相撲取りだった時代から懇意だった。

六十一分三本勝負の国際ルールで争われたルー・テーズ(王者)対力道山(挑戦者)の日本初開

催の世界ヘビー級選手権は、両者ともフォール、ギブアップを一本も奪えないまま六十一分時間切れの引き分けに終わり、テーズが同王座防衛に成功した。力道山は勝つことはできなかったけれど、負けもしなかった。テーズの必殺技バックドロップを力道山が相撲技の「河津がけ」でディフェンスしてみせたシーン、力道山の空手チョップをテーズがあの手この手のトリッキーな動きで巧みにかいくぐるシーンがこの試合の最大の見せ場だった。ノンストップの六十一分間の攻防は、観客に六十一分間の集中力と注意力と感情移入を要求する。テーズはオーディエンスの喜怒哀楽を手玉にとることができるレスラーだった。

この日の観客数は二万七千人(主催者発表)。興行収益は三千万円超(推定)。後楽園球場の場外にはダフ屋が立ち、三千六百円(十ドル)のリングサイド席に一万一千円のヤミ値をつけて売りさばいたといわれる。プロレスの興行にはまだ戦後の空気が漂っていた。

力道山―テーズ戦の全国巡業

六日後の十月十三日、舞台を大阪に移してのタイトルマッチ第二戦は、大阪扇町プールに三万人(主催者発表)の大観衆を動員。関西エリアでのテレビ放送も急遽決定し、東京での第一戦のときと同様、日本テレビが関西、関東、中部、北海道の四エリアで午後八時から二時間枠の特番で生中継した。六十一分三本勝負でおこなわれたタイトルマッチは、一本目をテーズがバックドロップで先制し(十五分)、二本目は力道山が空手チョップからのフォール勝ち(十分四十秒)。一─一のタイスコアからの三本目は、テーズが力道山をエアプレンスピンの体勢で両肩に抱えたまま、両者ともトップロープごしに場外に転落し、レフェリーがカウント二十を数えて両者リングアウトの引き分けとなった。この試合もテーズが王座防衛に成功した。

世界タイトルマッチはこの二戦だけだったが、力道山とテーズの〝世紀の一戦〟はその後、福岡(十五日)、広島(十六日)、神戸(十七日)、名古屋(十九日)、仙台(二十一日)、沖縄・那覇(二十五日)でもおこなわれ、地方都市で〝ロードショー公開〟されたノンタイトル戦六試合はテーズの二勝四引き分け。東京と大阪でのタイトルマッチを含めた全八試合の試合結果はテーズの二勝六引き分け。製作総指揮・監督・主演で、興行の演目についてはなんとでもできるワンマンの力道山をもってしても、ただのいちどもテーズを完全に負かすことはできなかった。これがプロレスというジャンルのもうひとつのリアリティーである。世界ヘビー級王座はあくまでもアメリカのもので、チャンピオンのテーズはアンタッチャブルだった。

〝大どんでん返し〟の予感

一九五八(昭和三十三)年八月三十一日、力道山は約二カ月間のアメリカ遠征を終えて帰国した。それは昭和のプロレス史の最大のミステリーといっていいかもしれないし、力道山にとっては念願だったゴールデンタイムでのレギュラー番組『三菱ダイヤモンド・アワー』第一回放送に向けた、針の穴を通すような〝大どんでん返し〟だったのかもしれない。

前年五七年十月、力道山とルー・テーズの国内初の世界ヘビー級選手権開催をピークにプロレス・ブームはひとつのクライマックスを迎えた。五八年の年頭から半年以上も外国人選手を招いての「国際試合」がおこなわれなかったこと、日本テレビのレギュラー番組『ファイトメン・アワー』(力道山は出演せず、力道山以外の日本人選手の試合を放送)が一時休止となったこともあり、プロレスの人気はまたしても下降していった。

力道山と〝横綱レスラー〟東富士――かつては親しかった――もいつしか疎遠になり、東富士は日本橋浪花町に食事処「東富士」を開店し、旧明治座(火災で焼失)前の浜町ビル屋上にゴルフ練習場「フジ・ゴルフ・センター」を開業するなど、プロレスとは関係のない事業に精を出すようになり、この翌年の五九年一月、手紙で力道山に引退の意思を伝えた。三年半ほどのプロレス生活だった。また、プロレスラーとしては力道山と同期にあたる遠藤幸吉は、一方的にフリー宣言し、五八年一月からハワイ遠征に出て日本プロレスと連絡を絶った。故新田新作所有の浪花町の土地に建っていた「プロレス・センター」に電電公社による敷地買収の話がもち上がったのもちょうどこのころだった。

力道山「世界王座獲得」のニュース

力道山が単身アメリカ遠征に出発したのは一九五八年七月七日のことだった。ハワイで現地滞在中の遠藤、豊登と合流したあと、八月からロサンゼルスへ転戦。九月の「秋の国際試合」に来日するスカイ・ハイ・リー、ドン・レオ・ジョナサン、ジョニー・バレンドの三選手と契約を交わし、八月十六日にはロサンゼルスから日本プロレス協会への電報で「八月二十七日、ロサンゼルスでディック・ハットンの持つ世界王座に挑戦する予定」と伝えてきた。

そして、八月二十七日(現地時間)、力道山はロサンゼルスのオリンピック・オーデトリアムでルー・テーズを下して世界ヘビー級王座を獲得した、とされる。力道山自身が現地からの国際電話でこの〝ニュース〟を伝えてきたのは日本時間の二十八日午後だった。

日本で力道山と世界タイトルマッチ・シリーズをおこなったテーズは、アメリカに帰国後の五七年十一月十四日、カナダ・トロントでディック・ハットンに敗れ世界ヘビー級王座を失った。だから、この八月二十七日の時点でテーズはチャンピオンではなかった。鈴木庄一がその著書に「当時日刊スポーツ新聞記者(東京)だった私が国際電話し、力道山の口から直接聴いた」(鈴木『鈴木庄一の日本プロレス史 上』)として記している三本勝負の試合結果は、一本目がテーズのフォール勝ち、二本目と三本目はいずれも空手チョップからの力道山のフォール勝ちで、二—一のスコアで力道山の勝利というものだった。しかし、決勝の三本目の裁定についてはその後、力道山のリングアウト勝ち、反則勝ちと情報が二転三転した。

八月二十七日付のＡＰ外電は「力道山がルー・テーズとの三本勝負に判定勝ち。水曜夜、オリンピック・オーデトリアムにて。四試合あったセカンダリー・バウツ（前座試合）のうちの一試合」「タイトルマッチではなく、フィーチャー・メインイベント二試合の前座として」という内容の記事をロサンゼルス発のニュースとして配信した。

『毎日新聞』（八月二十九日付朝刊）は「力道、テーズに勝つ」の大見出しに「日本プロ・レス協会への情報によると」との書き出しで「渡米中の全日本プロレス、チャンピオン力道山は二十七日夜ロサンゼルスのオリンピック会館で世界チャンピオン、ルー・テーズに挑戦、三本勝負の結果（中略）日本人として初めて世界チャンピオンの座についた」と報じ、その記事のすぐそばに〝ロサンゼルス二十八日発ＵＰＩ〟の外電として「力道山は二十七日、世界ヘビー級選手権保持者と称しているルー・テーズと戦い勝利を収めた。同試合はロサンゼルスのオリンピック競技場で行われたが、ノン・タイトル・マッチでメーン・エベントでもなかった」とする記事も掲載。前者は力道山の世界王座獲得を伝える記事で、後者はそれを否定する記事だが、『毎日新聞』は「日本プロ・レス協会への情報」をソースとするニュースとＵＰＩ外電のニュースを〝両論併記〟のスタンスで扱った。

インターナショナル王座の〝出自〟

スポーツ新聞各紙をはじめとする活字メディアは錯綜する情報に騒然となり、当然、プロレスファンも混乱した。予定を二日くり上げて八月三十一日、午後十二時二十分羽田着の日航機でハワイから帰国した力道山をものすごい数の報道陣が取り囲んだ。世界王座獲得のニュースとその後のさまざまな報道内容をめぐる真相を力道山自身から確認するためだった。力道山はこの日、手に入れたばかり（のはず）のチャンピオンベルトを持っていなかった。

力道山のコメントを整理すると「八月十四日にテーズがカナダのトロントでハットンを倒して世界王座に返り咲いたので、テーズに挑戦を申し入れた」「場内放送でもはっきりとタイトルマッチと発表した。前座試合などとんでもない（誤報）。わたしが勝ってチャンピオンになった」「チャンピオンベルトを持っていないので疑うかもしれないが、ベルトは個人の所有物。テーズにベルトをくれといったら三万ドル出せというので、そんな金はないので持ってこなかった」「最大の宿願の打倒テーズを果たしたことが最大の喜び」といったものだった。

八月十四日にテーズがディック・ハットンから世界ヘビー級王座を奪回したとする情報――力道山のコメント――は不正確で、ハットンは翌一九五九年一月、セントルイスでパット・オコーナーに敗れるまで同王座を保持している。

日本の活字メディアは、その後、力道山がこのとき獲得したとされるタイトルをあるときは

「インターナショナル王座」またあるときは「世界選手権」と表記し、ふたつの名称をアバウトなスタンスで併用した。ロサンゼルスでおこなわれたテーズとの試合がなんらかのタイトルマッチであったこと、チャンピオンベルトそのものはテーズの個人所有であるため持ち帰ることはできなかったとする二点については力道山の主張どおりだとしても、この羽田会見の時点では力道山は「インターナショナル王座」という聞き慣れない名称はまだ用いていなかった。

このインターナショナル王座の〝出自〟は、田鶴浜弘、鈴木庄一のふたりのプロレス・ジャーナリストの分析によって成り立っている。田鶴浜は「実をいうと、ブエノスアイレスで十年前に行なわれたインターナショナル・チャンピオン・トーナメントで優勝したアントニオ・ロッカが、アメリカに渡る早々一九四九年、ルー・テーズに四連戦して完敗、せっかくの南米土産のインターナショナル・チャンピオンは、テーズの手に渡り」「テーズが帰国すると、日本行きを機会にインターナショナル・チャンピオンもN・W・A公認として日の目を見ることになった」(田鶴浜『血闘と友情の記録』)と記述。鈴木は「不世出の大レスラー、テーズがそれまでの海外不出を破って世界各国を回り(日本を含めその後の欧州、豪州遠征など)不敗を記録したのを賛え《原文ママ》NWAがテーズに贈った」(鈴木「打倒ルー・テーズ成って世界王者自認する力道山」)とタイトル誕生の経緯をそれぞれ説明した。活字メディア――とその後のインターネット・メディア――はこの田鶴浜と鈴木の見解を〝定説〟として取り扱い、昭和から平成を通してコピー・アンド・ペーストがくり返され、令和の現在に至っている。

映像に残されなかった歴史的一戦

このインターナショナル王座は一九五八年八月の時点で本当に実在していたのだろうか。実在していたとしたら、それよりも以前に「テーズが保持するもうひとつのタイトル」としてそれが日本のマスメディアにいちども取り上げられなかったのはなぜだろう。五七年十月、テーズが初来日したさい、テレビも活字メディアもテーズをNWA世界ヘビー級王者ではなく、シンプルに「世界選手権者」「世界チャンピオン」と紹介し、新聞や雑誌の報道でもテレビ中継の実況でもNWA(ナショナル・レスリング・アライアンス)というアメリカのプロレス組織の名称(頭文字)が取り上げられることはなかった。日本で——プロレス・ジャーナリズムによって——NWAブランドとNWAが認定するところの世界ヘビー級王座が〝世界最高峰〟として神格化されるのは、力道山死後の昭和四十年代に入ってからだ。

一方、一九五七年十一月にディック・ハットンに敗れて無冠となったテーズは、その後、フリーの立場で長期のヨーロッパ・ツアーに出て、インターナショナル・ワールド・チャンピオンとしてイギリス、フランス、スペイン、ベルギーなどを回った。これはテーズ自身が勝手にチャンピオンを名乗ってヨーロッパ各地で王座防衛活動をおこなったというよりは、ヨーロッパのプロレス市場がテーズに求めたことだった。アメリカのプロレス組織NWAが認定する世界ヘビー級王者ではなかったとしても、テーズは実力、知名度、観客動員力、ステータス、そして、その存在自体が〝ワールド・チャンピオン〟〝インターナショナル・チャンピオン〟だったということである。

最後のミステリーは、力道山とテーズの〝タイトルマッチ〟の試合結果とその映像についてだ。ロサンゼルス在住のアメリカ人コレクターが現在も所持するオリンピック・オーデトリアム定期戦のプログラム(八月二十七日付)には、「本日の対戦カード」のページに黒のボールペンで各カードごとにその試合結果が書き込まれているが、テーズ対力道山のところはテーズの名前の上に〇印がつけられている。三本勝負の三本目――エプロンサイドでの攻防――の裁定は、ライブの観客の目にはテーズの勝ち(リングアウト勝ち)にも力道山の反則勝ち(レフェリーがテーズの反則負けをコール)にも映る、かなりまぎらわしいものだったのだろう。

力道山は前出の羽田会見で「全米でテレビ中継された」ともコメントしたが、どうやらこの試合は現地ではテレビ放送はされず、〝TVメインイベント〟として録画されたとされる映像は現在まで発掘されていない。それまではハワイ遠征でも、ニューヨークからサンフランシスコまでの大陸横断の旅でも、その映像をたんねんにフィルムに収めてきた力道山が、これほど重要なタイトルマッチの映像を日本に持ち帰らなかったことはいささか不可解である。

〝至宝〟インターナショナル王座

金曜夜八時の新番組『三菱ダイヤモンド・アワー』(日本テレビ)の第一回放送は、力道山が帰国する二日前の一九五八年八月二十九日だった。三菱電機の一社提供で『ディズニーランド』と『日本プロレス中継』を隔週シフトでオンエアする同番組は、第一回放送分が『ディズニーランド』で、第二回放送分(九月五日)が『日本プロレス中継』。力道山は「秋の国際試合」開幕戦、蔵前国技館からの実況生中継に〝世界選手権者〟として登場した。

力道山が生涯にわたり保持することになるインターナショナル王座は、〝テーズ系譜〟の世界ヘビー級王座のスピンオフのひとつだったととらえればすべてがきれいに説明がつく。一九五七年から六一年あたりにかけてアメリカとカナダで、その後もインドや南半球やメキシコで、テーズのタイトルマッチがやや不透明な結末で"to be continued"となるたびに、王座が空位になったり、新チャンピオンが認定されたり、新団体が設立されたりして、いろいろな土地に諸派の世界王座が誕生していった。わかりやすくいえば、テーズは世界じゅうを旅しながらチャンピオンベルトを〝のれん分け〟して歩いたということである。テーズの偉大さは、レスリングそのものの強さよりも、じつはそういうところにあった。

第二次世界大戦後、さまざまなアメリカ文化がアジアや西側諸国に伝播し、それぞれの国でローカルな発展をとげていったように、アメリカ文化としてのプロレスもまた〝アメリカが生んだ世界チャンピオン〟テーズによって世界中に広まっていった。そして、そういう二十世紀後半からの――プロレスだけには限定されない――アメリカと日本の関係、アメリカとアジアや西側諸国の関係を早い段階から読み解いていた力道山は、プロレスラーとしてもプロモーターとしても実業家としても天性の洞察力を持っていたということなのだろう。

日本のプロレス史を理解するうえで大切なことは、力道山がこのインターナショナル・ヘビー級王座を〝至宝〟〝勲章〟と位置づけ、数かずの名勝負を演じ、五年四カ月間にわたりこれを守りつづけたこと。力道山の死後はまな弟子のジャイアント馬場が王座を継承し、日本プロレスから馬場の全日本プロレスへと受け継がれ、馬場の後継者のジャンボ鶴田がその由緒あるチャンピオンベルトを腰に巻いたこと。昭和から平成へ、そして令和の現在も三冠ヘビー級王座(インターナショナル・ヘビー級王座、ＰＷＦヘビー級王座、ＵＮヘビー級王座の三王座を統一したもの)として、この国のプロレス界でなおも生きつづけているという事実なのである。

ラストシーンの足音

〝宿敵〟ルー・テーズを下してインターナショナル王座を獲得した一九五八年八月から六三年十二月までの五年四カ月間は、大長編ドラマ「力道山」の後編。後編というよりは〝帝王編〟あるいは〝社長編〟と表現したほうがより正確かもしれない。社長プロモーターとしては、一九五九年から〝春の本場所〟として世界の超一流のスーパースターを一堂に集めての「ワールド・リーグ戦」を開催。その第一回大会から六三年の第五回大会まで五年連続で優勝を果たしたが、力道山は第五回大会終了後、なぜか「これが集大成の大会、ことしで打ち切りとする」とコメントしていた。

一九六〇年四月には読売ジャイアンツのピッチャーだった馬場正平(のちのジャイアント馬場)、力道山がブラジル遠征中にスカウトした猪木寛至(のちのアントニオ猪木。十三歳のとき家族とともにサンパウロに移住していた)のふたりの大型新人がそろって入門した。実業家としては、この年の十二月、力道山がオーナーのリキ・エンタープライズが施工した地上八階、地下二階、最上階には百坪超のパーティールームを完備したリキ・アパートメントが赤坂台町(現在の赤坂七丁目)に完成し、力道山自身も大田区梅田町の自宅からこちらに転居。中曽根康弘衆議院議員、俳優の伴淳三郎らが入居して話題を集めた。

一九六一年七月三十日、前年二月の着工から一年五カ月をかけ総工費七億円を投じて建設したリキ・スポーツ・パレスが渋谷区大和田町(現在の道玄坂二丁目)に完成した。力道山にとって長年の念願であった〝プロレスの殿堂〟は地上七階、地下二階のドーム型のビルで、収容人員三千人の試合会場のほか、ボウリング場、ボクシング・ジム、スポーツ・ジム、レストラン、バー、サウナなどを完備した多目的複合施設だった。八月十八日の同所のこけら落とし興行からは、それまで『ディズニーランド』との隔週放送だった金曜夜八時の『三菱ダイヤモンド・アワー』枠のプロレス中継が毎週放送にアップグレードされた。

テレビ〝ショック死〟事件

一九六一年十一月、力道山はリキ・ボクシング・ジムを開設し、プロボクシングへの進出を発表した。ボクシング界はこれに難色を示したが、プロレス中継の解説者で、ボクシング界にも広い人脈をもつ伊集院浩が定年をくり上げて毎日新聞社を退社し、リキ・ボクシング・ジム会長に就任することで問題を回避。リキ・ボクシング・ジムの日本ボクシング協会への加盟が承認された。しかし、それから一年三カ月後の六三年二月、伊集院が東中野の自宅でなぞの割腹自殺をとげるという痛ましいできごとがあった。その理由については、かねてから健康状態(末期がん)に悩んでいたためとも、力道山への決別のメッセージだったともいわれたが、真相はわからない。

日本テレビの『プロレス中継』は一九六二年四月、従来のモノクロ放送からカラー放送に移行。ルー・テーズ、フレッド・ブラッシー、ディック・ハットンら元世界王者が大挙来日した「第四回ワールド・リーグ戦」から新聞のテレビ欄に「カラー」の表示がついた。

四月二十八日付の『朝日新聞』の夕刊・社会面に「プロレスでショック死？ 老人二人、テレビを見て」という見出しで、二十七日夜、テレビでプロレス中継を観ていた京都、愛知県瀬戸市の老人ふたりが心臓マヒで急死したことが報じられた。その後の調べで岐阜、富山、高知、千葉でも同様の事故が起きたことが確認され、合計六人が死亡していたことがわかった。いずれも六十代から七十代の高齢者で、心臓病や高血圧症などの基礎疾患があったとされる。

四月二十七日のプロレス中継は神戸西灘・王子体育館からの生中継で、メインイベントは力道山&豊登&グレート東郷対テーズ&ブラッシー&マイク・シャープの六人タッグマッチだった。第3章でも触れたとおり、グレート東郷は日系アメリカ人で、ホームリングのロサンゼルスでは典型的な〝邪悪なジャップ〟を演じた悪役レスラー。この時代はアメリカ人選手の日本遠征をオーガナイズするエージェントを兼務していたが、日本に来るときは悪役ではなく正統派、力道山の盟友として日本組のメンバーに編入していた。この試合では東郷がブラッシーの十八番の噛みつき攻撃で血だるま――そういう場面が東郷の見せ場だった――にされた。

四月三十日付の『日本経済新聞』は「プロレス中継を検討 ショック死続出、問題に 民放審」の見出しでこの〝ショック死事件〟を大きく取り上げ、民間放送・テレビ各社で組織される民間放送連盟の民放審議会五月定例会でこの問題が検討されることを報じた。日本テレビは五月十一日放送分からカラー放送を一時中止し、白黒放送に戻すという対応をとった。

力道山のプロレス、というよりもこの国のプロレスは、テレビという巨大メディアによってつねにリアルタイムで瞬時に媒介される、社会的影響力の強い〝情報コンテンツ〟だった。

極秘の韓国訪問

力道山が元日本航空キャビンアテンダントで、当時二十一歳だった田中敬子との婚約を発表したのは一九六三(昭和三十八)年一月七日。東京・赤坂のホテルニュージャパンでおこなわれた記者会見には、挙式で仲人をつとめる大野伴睦・自民党副総裁(日本プロレス・コミッショナー)、井上清一参議院議員(自民党)両夫妻が立ち会った。

力道山と田中敬子の婚約は、一枚の写真が結んだ、やや強引な縁だった。神奈川県茅ヶ崎警察署長だった敬子の父・田中勝五郎が、娘の写真を知人だったプロ野球・大洋ホエールズの森徹の母親に見せた。娘と森に見合いをさせるつもりだったが、森にはすでに決まった相手がいたため、森の母は森と親交のあった力道山にその写真を見せた。力道山は敬子に一目ぼれし、日本航空広報を通じて、まったく面識のない敬子に猛アプローチをかけていった。日本航空広報部のセッティングでふたりが初めて会ったのは一九六二年九月。力道山は同年十一月、親しい報道関係者に「誕生日(十一月十四日)には婚約を発表できるかもしれない」と話していたとされるが、力道山が横浜市中区根岸の敬子の実家を訪れ、敬子の家族に初めてあいさつをしたのは十一月二十三日で、正式に結納が交わされたのはそれから一週間後の十一月三十日。いずれにしても初対面からわずか二カ月のスピード婚約だった。

この婚約発表記者会見の翌日の一月八日、力道山はきわめて唐突に韓国を訪問した。この渡航についてはマスメディアにはいっさい公表されなかった。力道山に同行したのは、力道山の個人秘書でリキ・エンタープライズ専務の吉村義雄だけだった。日本と韓国が国交正常化のための「日韓基本条約（日本国と大韓民国との間の基本関係に関する条約）」に調印するのは二年後の一九六五年六月だから、この時点ではまだ国交は成立していなかった。

ここでこの時代の日本と韓国、北朝鮮の関係をごくかんたんにおさらいしておく必要がある。韓国と北朝鮮による朝鮮戦争の休戦協定が結ばれたのは五三年七月。六〇年四月、韓国で学生たちによる「四・一九学生革命」が起きて李承晩《イスンマン》大統領が退陣。六一年五月、「五・一六クーデター」と呼ばれる軍事革命が起き、その中心的な立場にあった朴正熙《パクチョンヒ》が国家再建最高会議議長となり、韓国中央情報部（ＫＣＩＡ）を創設した。これがその後、十八年にわたる朴大統領政権の事実上のプロローグだった。同年十月、朴正熙の親書を携えた金鍾泌《キムジョンピル》ＫＣＩＡ部長が来日し、池田勇人首相、大平正芳官房長官と国交正常化に向けての非公式な話し合いをもち、翌十一月、朴正熙が日本にやって来た。このときの池田首相と朴正熙の会談で日韓は急接近する。

一方、一九五九年十二月から日本では在日朝鮮人の北朝鮮への帰国事業が始まった。韓国から朴正熙が来日した六一年十一月、力道山は新潟に寄港した北朝鮮船の船内で次兄・公洛、娘の英淑と対面した。公洛は朝鮮労働党の幹部党員となっており、また公洛の姪にあたる英淑はこのとき十八歳で、家族として公洛の家に世話になっていたという。次兄から祖国への帰国を勧められた力道山は、返事を保留にしたというが、スポーツ選手になっていた娘・英淑とは三年後の東京オリンピックでの再会を約束したという。

北朝鮮から来た親族と力道山との船上での再会については諸説があり、力道山はこれ以前にも、新潟に寄港していた帰国船の船内で長兄・恒洛と面会していたとする説もある。

翌一九六二年四月、力道山は、新潟から北朝鮮の清津《チョンジン》へ向かう帰国船に貨物として載せるという方法を用い、北朝鮮の金日成《キムイルソン》主席にその五十歳の誕生日のプレゼントとして高級車ベンツを贈った。このとき、力道山は「金日成元帥万歳」「平和統一　力道山」と書いた自筆のメッセージを添えたという。

そして、六二年十二月、池田内閣の重鎮、大野伴睦・自民党副総裁が「訪韓親善施設団」として韓国を訪問し、朴正熙、金鍾泌と正式に会談した。韓国で大野を待っていたのは、韓国と独自のパイプを持ち、すでに現地入りしていた〝大物右翼〟児玉誉士夫だった。大野は当時、日本プロレス・コミッショナーで、児玉も数年後――力道山の死後――に同役職を務めることになる。そして、年が明けた六三年一月、力道山の突然の韓国訪問が決定した。力道山に訪韓を勧めたのは大野で、韓国から力道山を招聘したのは文教部（現在の教育部）長官だった。朝鮮半島出身で――その出自がタブーにされたまま――戦後に日本でプロレスのヒーロー、テレビのヒーローとなった力道山は、北朝鮮でも韓国でも同胞の英雄だった。

板門店〝北緯三十八度線〟に立った力道山

このとき、力道山はどんな気持ちで韓国の地に立っていたのだろう。金信洛が大相撲に入門するために〝内地〟にやって来たのは一九四〇（昭和十五）年二月だから、朝鮮半島をあとにしてから二十三年の歳月が――相撲時代の四二年六月、満州・朝鮮巡業のさいに短期間、帰郷したことはあった――流れようとしていた。

誕生年〝一九二二年説〟であれば力道山が十九歳のときに、公式プロフィールどおり〝一九二四年〟であれば十七歳のときに太平洋戦争が始まった。一九四五年八月の終戦により、それまで日本の統治下にあった朝鮮半島がアメリカ・ソ連の占領下に置かれたとき、力道山は帰る祖国を失った。

それから三年後の一九四八年、大韓民国（韓国）と朝鮮民主主義人民共和国（北朝鮮）がそれぞれ建国。五〇年に朝鮮戦争が勃発し、朝鮮半島がふたつに分断されると、力道山の出身地で、親族が残っている咸鏡南道は北朝鮮の領域となった。力道山のなかでは、祖国はひとつだったはずではあるけれど、故郷と呼べるのは韓国ではなくて北朝鮮という感覚があったのかもしれない。この前年、北朝鮮の金日成に高級車をプレゼントしたことからもその思いがうかがえる。しかし、世界を東西に二分していた米ソ冷戦構造の巨大なパズルと、そのなかの大きなパーツとしての日韓国交正常化という国際情勢のうねりのなかで、力道山は、朝鮮人ではなく日本人として、あるいは日本に渡った同胞のヒーローとして、〝東側〟の北朝鮮ではなく〝西側〟の韓国を訪れたのである。

滞在日数は五日間。〝親善大使〟のような立場で韓国を訪れた力道山は、現地で熱烈な歓迎を受けた。極秘の訪問であったため、詳細なスケジュールや政治家、要人らとの会談内容の記録などは残されていないが、田中敬子・力道山夫人はその著書にこう記している。

空港では横断幕が掲げられ、政府高官が待ち受ける国賓待遇の歓待ぶり。チマチョゴリを着た若い女性や子供から美しい花のレイをかけてもらう出迎えを受けたそうです。

まずは戦没者碑に行って、お参りをして、〔中略〕到着した翌日には、さっそくソウル市長と金中央情報部長のところにあいさつ回り。そのときにソウル市長から力道山は名誉市民賞をもらっています。

（田中『夫・力道山の慟哭』）

その日、力道山は朝鮮半島を南北に分断している軍事境界線「北緯三十八度線」にある板門店に立っていた。力道山の韓国訪問にただひとり同行した吉村秘書はこうふり返っている。

訪韓したのは一月ですから、酷寒です。〔中略〕板門店で、そんな寒い中で力道山が、何を思ったかオーバーを脱ぎ、上着を脱ぎ、シャツまで脱いで上半身裸になって胸を張り、北に向かって、

「ウォーッ!」

と絶叫したんです。北朝鮮軍のカメラがいくつかフラッシュをたきました。傍についていった韓国の人たちは、あるいは力道山が三八度線の向こう側に対峙している北朝鮮軍に対して、威嚇の声を挙げたと思ったかもしれません。が、わたしにはそれが、

「兄さ〜ん」

と叫んだように聞こえた。

(吉村『君は力道山を見たか』)

力道山の「ウォーッ!」という絶叫が「兄さ〜ん《ヒョンニーム》」と聞こえたのだとしたら、その叫びは北朝鮮にいる長兄・恒洛、次兄・公洛に届けようとした別れのメッセージだったのだろうか。北朝鮮ではなく韓国を訪問し、「北緯三十八度線」の南側に立たされたことで、敬愛するふたり

の兄とはもう再会することはないであろうこと、故郷である咸鏡南道に戻ることはないであろうことを、力道山はこのとき悟ってしまったのだろう。

"空前"の結婚披露宴

力道山と田中敬子の結婚披露宴が赤坂のホテルオークラで開かれたのは一九六三年六月五日だった。媒酌は大野伴睦・自民党副総裁、井上清一参議院議員の両夫妻。政界・財界からは川島正次郎オリンピック担当大臣、河野一郎建設大臣、正力松太郎・日本テレビ会長ら、大相撲からは横綱・大鵬、二子山親方(元横綱・若乃花)、九重《ここのえ》親方(元横綱・千代の山)ら、スポーツ界からはプロボクシングのファイティング原田、プロ野球の水原茂ら、芸能界からは三船敏郎、村田英雄、三橋美智也、高倉健・江利チエミ夫妻(当時)、田宮二郎ら千八百人ほどが出席。「空前のスケール」「五千万円挙式」とマスメディアを騒がせた。力道山はスポーツ界、芸能界、政界・財界を横断する正真正銘の昭和のスーパースターだった。

新婦・敬子はこの翌日、二十二歳の誕生日を迎えた。力道山・敬子夫妻は七日夜、二十日間の世界一周のハネムーンに出た。

力道山の実業家としての夢はふくらみつづけた。八月には相模湖畔にゴルフ場建設のプランを発表し、ゴルフ場が完成したあとはその周囲にモータースポーツのサーキットコースを建設する構想を練っていた。神奈川・三浦半島の油壺にはマリン・リゾートの開発を計画していた。アメリカ式のスーパー・マーケットのチェーン展開も考えていた。十月には赤坂のリキ・アパートメントのとなりに分譲型のリキ・マンションが完成した。おそらく、力道山は引退後の具体的な青写真を描きはじめていたのだろう。大野伴睦が力道山に参議院議員選挙への出馬をさかんに勧めていたのもこのころだった。

運命の日

運命の日。一九六三年十二月八日、午前六時、力道山は浜松からの夜行急行「那智・伊勢」で東京に帰ってきた。

十一月二十六日の群馬・前橋から十二月七日の静岡・浜松まで十二日間連続の興行が開催され、力道山は十二月二日の東京体育館、同四日の大阪府立体育館でインターナショナル王座をかけて〝白覆面の魔王〟ザ・デストロイヤーと二回対戦し、いずれも王座防衛に成功した。六日、名古屋・金山体育館では力道山&豊登のアジア・タッグ王者チームがデストロイヤー&キラー・バディ・オースチンを挑戦者チームに迎えタイトルマッチをおこない、六十一分時間切れ引き分けでこれも王座防衛に成功。シリーズ興行最終戦、七日の浜松市体育館では力道山&グレート東郷&吉村道明がデストロイヤー&オースチン&イリオ・デ・パオロと六人タッグマッチで対戦した。これが力道山の生涯最後の試合だった。

その朝、東京駅から赤坂のリキ・アパートメントにいったん戻った力道山は、仮眠のあと、自宅オフィスでキャピー原田(原田恒男)リキ観光開発専務、吉村義雄秘書(リキ・ボクシング・ジム代表)らと会議をすませ、そのあとに相撲協会の高砂理事(元横綱・前田山)がやって来て、大相撲アメリカ巡業の打ち合わせをおこなった。力道山はアメリカのプロモーターと連携しての協力を約束し、力道山自身も十二月十四日にアメリカに渡る予定だった。

一年の仕事をすべて終えた力道山は、その安堵感からか、昼間からかなり酒を飲んでいたという。夕方には高砂親方、グレート東郷、キャピー原田専務、吉村秘書を連れだって赤坂の料亭「千代新」で食事会。その後は午後八時半からＴＢＳラジオで『朝丘雪路ショー』にゲスト出演したが、力道山がすでに泥酔状態だったため、収録した番組はお蔵入りになった。

力道山とその一行は、午後九時半ごろ同じ赤坂のナイトクラブ「ニュー・ラテン・クォーター」に移動した。力道山は上機嫌で大好きなツイストを踊り、さらに飲みつづけたが、トイレに立ってから数分後、暴漢にナイフで腹部を刺された。トイレ付近の通路で足を踏まれた、踏んでいないというやりとりが口論のきっかけになったとされるが、その場を目撃していた人はいない。テーブルに戻ってきた力道山はさらに宴をつづけようとしたが、出血がひどいため、同席していたキャピー原田専務、吉村秘書が力道山を近くの山王病院に連れていった。

山王病院では長谷和三院長が傷口の応急処置をほどこし、力道山はいったん自宅に戻った。キャピー原田専務はそれからタクシーを飛ばして築地の聖路加病院に向かい、親しい知人の上中省三・同病院外科部長を伴ってリキ・アパートメントに戻ってきた。上中医師により入院と手術が必要と診断されたため、九日午前一時半、力道山は山王病院に緊急入院した。

上中医師の執刀で手術が始まったのが午前五時四十五分で、終了したのは午前七時十五分。左腹部の傷は四センチほどで、ナイフが小腸の一部を下から上へ貫通し、排泄物が体内に流れ出していたとされる。小腸の傷口の縫合、刺創の縫合がおこなわれた。麻酔は一般人の三倍の量が投与されたという。力道山の負傷、入院を知った関係者、報道陣、見舞いに来た友人・知人らがすでに午前二時ごろから山王病院にかけつけていた。上中、長谷の両医師から「左腹部刺創、小腸二カ所損傷、小腸の創縫合処置。今後一カ月余の静養を要する見込み」との正式な診断結果が発表されたのは九日の午前九時だった。絶対安静のため関係者にも面会謝絶の措置がとられた。

一九六三年十二月十五日、力道山死去

術後の経過は良好で、十日、十一日は体温、脈拍、血圧ともに安定していたが、経口の食事ではなく栄養注射が投与された。十一日は弟分の芳の里・俊子夫妻の結婚披露宴がホテルオークラで開かれ、力道山は「行きたいなあ」と話した。十二日、十三日、十四日は番茶、おも湯、リンゴの流動食などを段階的に摂取。体力が回復しつつあった力道山は事件の報道を気にしている様子で「新聞を持ってこい。なんて書いてある?」と側近にたずねていたという。

十五日の朝の検診で腹膜炎、腸閉塞の兆候が発見され、精密検査の結果、同日午後二時から再手術がおこなわれることになった。執刀医は六日前に最初の手術を担当した聖路加病院の上中医師。血圧が低下し、大量の輸血が施された。手術は午後四時過ぎに終わったが、午後八時半ごろに容態が急変し、敬子夫人が病院に呼ばれ、アントニオ猪木、平井光明(のちのミツ・ヒライ)ら付き人も呼び出された。そして、午後九時五十分、力道山は息をひきとった。ヒーローの死はあまりにも突然で、あまりにもあっけなかった。

十六日はリキ・アパートメント八階の自宅で近親者による通夜、十七日は一般の参列者向けの通夜がおこなわれた。十六日の通夜の席でグレート東郷——一九五九年の「第一回ワールド・リーグ戦」から力道山のブレーンとして日本プロレス協会に参入——が力道山に譲ったとされるキャデラックの残金の請求を求め、「日本のプロレスは私が引き継ぐ」と話していたのを耳にした工藤雷介・日本プロレス・コミッション事務局長が「東郷がこんなことをいっている。注意したほうがいい」とこれを押山保明・日本プロレス興業宣伝部長に報告した。押山はすぐに別室に幹部クラスを集めて話し合いの場を持ち、「力道山のあとの日本プロレスは豊登、芳の里、遠藤幸吉、吉村道明の四者の合議制ですすめる」ことをその場で確認した。

十八日は午後一時から近親者による密葬。同日、力道山の遺体は品川区西五反田の桐ケ谷斎場で荼毘《だび》にふされた。二十日正午、戒名「大光院力道日源居士」となった力道山の葬儀が大田区池上の本門寺でおこなわれ、大野伴睦・葬儀委員長(韓国訪問中のため)代理の児玉誉士夫、河野一郎・副葬儀委員長(自民党・衆議院議員)、楢橋渡(自民党・衆議院議員)、正力松太郎・日本テレビ会長代理の福井近夫専務取締役、関義長・三菱電機社長、阿部重作(住吉一家元総長)、田岡一雄(山口組三代目組長)、町井久之(東声会会長)ら戦後ニッポンの〝表〟と〝裏〟のインフルエンサーが顔をそろえた。一般の参列者は約一万二千人を数えた。

力道山のいないプロレス

十二月二十日は金曜だった。同夜、リキ・スポーツ・パレスからの生中継が予定されていた『三菱ダイヤモンド・アワー　日本プロレス中継』(日本テレビ)はいったんは中止が検討されたが、福井三郎チーフ・プロデューサーと押山宣伝部長が放送を決断した。会場入り口に設置されたチャンピオンベルト姿の力道山の遺影がファンの涙を誘った。全試合終了後には豊登、芳の里、遠藤、吉村の四人がリングに上がり、無言で腕を組み、新体制の決意を表明した。

力道山のいないプロレスが始まろうとしていた。

主な参考文献

井出耕也「追跡！ 力道山」『ナンバー』一九八三年三月五日号
牛島秀彦『もう一つの昭和史① 深層海流の男・力道山』毎日新聞社、一九七八年
牛島秀彦『力道山 大相撲・プロレス・ウラ社会』第三書館、一九九五年
押山保明「日本プロレス協会の発足」『プロレス&ボクシング』一九七〇年十二月号
九 州 山「力道山追憶(2) 生まれながらの大スター」『プロレス&ボクシング』一九六四年四月号
郡司信夫『力道山・遠藤幸吉——プロ・レス王者』鶴書房、一九五四年
小島貞二『日本プロレス風雲録』ベースボール・マガジン社、一九五七年
小島貞二「マット縦横(3) 力道山・木村決戦篇」『プロレス&ボクシング』一九六四年一月号
小島貞二『力道山以前の力道山たち——日本プロレス秘話』三一書房、一九八三年
小島貞二・福井三郎「61分3本問答」『プロレス&ボクシング』一九六五年一月号
近藤日出造『やァこんにちわ 第二集』読売新聞社、一九五四年
斎藤文彦『昭和プロレス正史 上巻』イースト・プレス、二〇一六年
斎藤文彦『プロレス入門——神がみと伝説の男たちのヒストリー』ビジネス社、二〇一六年
鈴木庄一「国技館のマットを血に染めた 両雄並び立てぬ力道山と木村(日本プロレス史 第六回)」『プロレス』一九七五年六月号
鈴木庄一「打倒ルー・テーズ成って世界王者自認する力道山(日本プロレス史 第一四回)」『プロレス』一

九七六年二月号
鈴木庄一「秘蔵パンフレットから見た日本プロレス史」『デラックス・プロレス』一九八〇年五月号
鈴木庄一『鈴木庄一の日本プロレス史 上』恒文社、一九八三年
田鶴浜弘『世界の選手たち』沙羅書房、一九四九年
田鶴浜弘『プロレス血風録――世界を制覇する怒濤の男たち』双葉新書、一九六八年
田鶴浜弘『血闘と友情の記録――不滅の王者／力道山・テーズ』恒文社、一九七〇年
田鶴浜弘『日本プロレス二十年史』日本テレビ放送網、一九七五年
田鶴浜弘『格闘技スーパー・スター』双葉社、一九八〇年
田鶴浜弘『プロレス面白ゼミナール』こだま出版、一九八四年
田中敬子『夫・力道山の慟哭』双葉社、二〇〇三年
戸松信康「秘話・プロレスとテレビ」田鶴浜弘『日本プロレス二十年史』日本テレビ放送網、一九七五年
原　康史『激録 力道山 第一巻』東京スポーツ新聞社、一九九四年
三橋一夫『プロ・レスラー 力道山物語』室町書房、一九五四年
吉村義雄『君は力道山を見たか』飛鳥新社、一九八八年
力道山『空手チョップ世界を行く』ベースボール・マガジン社、一九六二年
和田昭三「力道山物語」『サングラフ』一九五六年一月号付録
「〈インタビュー〉〝柔道の鬼〟木村政彦・宿敵を語る「私と力道山の真相」」『ナンバー』一九八三年三月五日号

あとがき――At the end of the day

力道山とは〝だれ〟だったのか――。本書の冒頭でそう問いかけた。戦後の日本を全速力でかけ抜けた力道山は、金信洛でもなく、百田光浩でもなく、力道山という〝個〟を生きた。これがこの本を書き終えたぼくのいまの実感である。

少年時代、朝鮮でシルムに汗を流していなかったら相撲取りになることはなかったし、大相撲の幕内力士になっていなかったら、プロレスラーになることもなかった。プロレスラーになっていなかったら、戦後最大のヒーローになることもテレビの主人公になることも昭和のヒーローになることもなかっただろう。力道山の立っていた場所にはいつもいくつかの選択肢があって、力道山はつねに力道山であることを選び、それを貫きとおした。

相撲には相撲社会のヒエラルキーがあった。力道山は強くなって、勝ちあがることで相撲社会の階級・階層を登っていった。そして、相撲の限界を知ると、相撲取りの象徴であるマゲをみずからの手で切り落とした。マゲを切ってみると、戦後ニッポンが目の前に広がっていった。戦後ニッポンのそのまた向こうにはアメリカがみえた。プロレスが力道山に近づいてきて、力道山は相撲によく似たサムシングとしてその〝西洋相撲〟を選択した。

プロレスは、戦後ニッポンとアメリカの架け橋だった。プロレスラーになった力道山は日本とアメリカを往復するようになり、相撲を学んだときのように、アメリカでプロレスを学んだ。力道山は〝大きな国〟〝富める国〟アメリカに強いあこがれを抱いた。日本に帰ってくると、テレビが力道山に歩み寄ってきて、力道山はテレビの主人公になった。テレビというまったく新しいメディアがプロレスを選択し、プロレスというまったく新しいスポーツ＝大衆娯楽もテレビを選択した。プロレスとテレビは運命共同体のような関係になった。

力道山の死後、現在に至るまで北朝鮮、韓国では力道山の生涯をつづった伝記、評伝、小説、漫画などが数多く出版され、映画やドラマも製作されてきた。日本語に翻訳されているものもあれば、翻訳されていないものもあるが、これらの作品群はいずれも日本に永住し、日本で生涯を終えた〝同胞のヒーロー〟として力道山を描いている。

「力道山」とは力道山にまつわるありとあらゆるストーリーの総体であり、それを享受する側の立ち位置によってどんな描き方もできるし、さまざまな解釈と理解が可能だ。だとするならば、いまここにいるぼくたちにとって、力道山の歩んだ道こそは、戦前・戦中から戦後の復興、高度経済成長期までの昭和そのものであり、戦争を体験した世代の日本人の物語であり、いままでとこれからの日本の物語、アジアの物語なのである。

ぼくはこれまでの人生の三分の二くらいの時間をプロレスライター、プロレス記者として過ごしてきた。一九六二(昭和三十七)年生まれだから、もちろん、力道山のプロレスをリアルタイムでは観ていない。生まれたときに体重が四千二百グラムあったことから、病院で先生から〝リキ赤ちゃん〟と呼ばれたというはなしを亡くなった母から聞いたことがある。

十七歳のときに〝高校一年留学〟というプログラムでアメリカ・ミネソタ州のハイスクールの十二年に編入してそこを卒業し、そのままさらに五年間、大学を終えるまでアメリカに滞在した。十九歳のときに日本のプロレス雑誌の編集長に手紙を書き、〝アメリカ通信員〟ということになってプロレスの取材・執筆活動を始めた。プロレス雑誌の記者になるのが夢だったのかというととくにそういうわけではなくて、せっかく本場アメリカにいるのだから、ちいさいころ(三歳)から大好きだったプロレスにもっと接近したい、あこがれのスーパースターと会っておはなしがしてみたい、というわりと単純な理由からだった。プロレスともプロレスラーとも深くかかわるようになり、気がついたら四十三年もプロレスのことばかり書いていた。

プロレスライターはこの世に同業者がいったい何人いるのかよくわからない仕事で、そのおもなフィールドが活字メディアからネット・メディアに移行した現在では、よけいその実態はつかみにくい。ぼくはやっぱり活字世代で、本書に出てくる田鶴浜弘さん、鈴木庄一さん、小島貞二さんらはぼくの大先輩であり偉大なる先人たちである。力道山死去から六十年以上が経過し、力道山が亡くなったすぐあとに生まれた人たちもすでに還暦を迎えている。

プロレスの本場はアメリカではあるけれど、力道山が出現してからは日本がもうひとつのプロレスの本場になった。力道山のプロレスは日本テレビと三菱電機との〝三位一体〟で世界でも類を見ない巨大なメディア・スポーツの道を歩み、力道山は大プロモーターとしてアメリカの超一流レスラーたちを日本に〝直輸入〟した。力道山のふたりの弟子、ジャイアント馬場とアントニオ猪木は、〝プロレスの父〟力道山の跡を継ぎ、経済大国に成長した日本を〝世界一のプロレス大国〟にアップグレードした。そういう時代が一九九〇年代までつづいた。そして、日本のプロレスにもまた失われた三十年がやって来た。ぼくはそうとらえている。

まったく新しい力道山像の創出、なんていったらいくらなんでも大げさかもしれないけれど、力道山に関する膨大な資料・文献、情報、映像などをぼくなりに整理整頓して、力道山がいったい〝だれ〟であったのか、力道山のプロレスがなんであったのかを現在進行形の視点からもういちどまとめておく必要があるのではないかとずっと感じていた。今回、ぼくにその機会をつくってくださった岩波書店の田中宏幸さんに深く感謝いたします。

二〇二四年九月、窓を開け放った仕事場から

斎藤文彦

斎藤文彦

1962年，東京都杉並区生まれ．

1984年，米オーガスバーグ大学教養学部卒業．

2013年，早稲田大学大学院スポーツ科学研究科修了．

2016年，筑波大学大学院人間総合科学研究科博士後期課程満期．

プロレスライター，コラムニスト，専修大学文学部哲学科兼任講師，国士舘大学体育学部非常勤講師．

著書に『猪木と馬場』『忘れじの外国人レスラー伝』(以上，集英社新書)，『プロレス社会学のススメ』(共著，ホーム社)，『昭和プロレス正史』上下巻(イースト・プレス)，『みんなのプロレス』(ミシマ社)ほか多数．

力道山
——「プロレス神話」と戦後日本　　岩波新書(新赤版)2046

2024年12月20日　第1刷発行

著　者　斎藤文彦《さいとうふみひこ》

発行者　坂本政謙

発行所　株式会社 岩波書店
〒101-8002 東京都千代田区一ツ橋2-5-5
案内 03-5210-4000　営業部 03-5210-4111
https://www.iwanami.co.jp/

新書編集部 03-5210-4054
https://www.iwanami.co.jp/sin/

印刷・三陽社　カバー・半七印刷　製本・中永製本

ISBN 978-4-00-432046-3　　Printed in Japan

岩波新書新赤版一〇〇〇点に際して

ひとつの時代が終わったと言われて久しい。だが、その先にいかなる時代を展望するのか、私たちはその輪郭すら描きえていない。二〇世紀から持ち越した課題の多くは、未だ解決の緒を見つけることのできないままであり、二一世紀が新たに招きよせた問題も少なくない。グローバル資本主義の浸透、憎悪の連鎖、暴力の応酬――世界は混沌として深い不安の只中にある。

現代社会においては変化が常態となり、速さと新しさに絶対的な価値が与えられた。消費社会の深化と情報技術の革命は、種々の境界を無くし、人々の生活やコミュニケーションの様式を根底から変容させてきた。ライフスタイルは多様化し、一面では個人の生き方をそれぞれが選びとる時代が始まっている。同時に、新たな格差が生まれ、様々な次元での亀裂や分断が深まっている。社会や歴史に対する意識が揺らぎ、普遍的な理念に対する根本的な懐疑や、現実を変えることへの無力感がひそかに根を張りつつある。そして生きることに誰もが困難を覚える時代が到来している。

しかし、日常生活のそれぞれの場で、自由と民主主義を獲得し実践することを通じて、私たち自身がそうした閉塞を乗り超え、希望の時代の幕開けを告げてゆくことは不可能ではあるまい。そのために、いま求められていること――それは、個と個の間で開かれた対話を積み重ねながら、人間らしく生きることの条件について一人ひとりが粘り強く思考することではないか。その営みの糧となるものが、教養に外ならないと私たちは考える。歴史とは何か、よく生きるとはいかなることか、世界そして人間はどこへ向かうべきなのか――こうした根源的な問いとの格闘が、文化と知の厚みを作り出し、個人と社会を支える基盤としての教養となった。まさにそのような教養への道案内こそ、岩波新書が創刊以来、追求してきたことである。

岩波新書は、日中戦争下の一九三八年一一月に赤版として創刊された。創刊の辞は、道義の精神に則らない日本の行動を憂慮し、批判的精神と良心的行動の欠如を戒めつつ、現代人の現代的教養を刊行の目的とする、と謳っている。以後、青版、黄版、新赤版と装いを改めながら、合計二五〇〇点余りを世に問うてきた。そして、いままた新赤版が一〇〇〇点を迎えたのを機に、人間の理性と良心への信頼を再確認し、それに裏打ちされた文化を培っていく決意を込めて、新しい装丁のもとに再出発したいと思う。一冊一冊から吹き出す新風が一人でも多くの読者の許に届くこと、そして希望ある時代への想像力を豊かにかき立てることを切に願う。

（二〇〇六年四月）